JN084245

日本総合基礎知識
～日本の産業、地理、文化～

千葉商科大学大学院客員教授
千葉県ニュービジネス協議会会長
株式会社ジーアップキャリアセンター代表取締役

加賀 博

公益財団法人 日本生産性本部
生産性労働情報センター

まえがき

　今日、日本は中国・東アジア、欧米諸国からのインバウンド数が2023年に約2,500万人近くになり、更に増加すると予想されています。また、観光目的ではなくビジネス、労働、勉学目的の来日外国人数も年々増えてきています。

　しかし、現在日本の抱える大きな問題の一つは超少子化時代を迎えることです。2022年日本の人口は約1億2,500万人ですが、30年後の2050年の予想では、1億人を割り、さらに約半世紀後（2070年）には、8,700万人と江戸時代の人口に逆戻りと言われています。このままでは日本の国力は弱くなり、経済発展など望むべくもありません。

　そこで政府や経済界は緊急対策のために、留学生と外国人労働者の増加対策を第一意義に考えています。

　こうした状況下、最も大切で重要なことは留学生、外国人材に対し正しく、詳しく日本を知らしめ日本の魅力と価値を総合的に理解してもらうことです。つまり、日本の伝統、風習、文化、歴史、地理、気候、特性、芸術、芸能、祭り、イベント、スポーツなど、また、重要な日本の政治体制、経済産業構造特性、代表的企業、企業組織と運営特性、さらに働く側の権利と義務、社会保障、そして企業社会的責任、コンプライアンスなど、日本で学び、働くにあたって、より良い社会生活と暮らしに必要な総合的基礎知識を提供し、日本の理解を深めていただくことが重要、不可欠と考えます。

　さらに最近、「日本を知らない日本人が多い」ともよく言われます。筆者は30年に渡り、多数の大学で学生教育に携わってきましたが、残念で恥ずかしく思えるのは、日本を知らない日本学生が大半なことです。このままでは、日本の将来に不安と危機を感じざるを得ません。

　将来日本にとって最も大切な留学生、外国人材、そしてそういった方々を受け入れ一緒になって頑張る日本人材に、今回出版させていただく「日本総合基礎知識」が少しでも役立ち、日本への理解が深まり、留学生、外国人材、日本

人材が相互に切磋琢磨し活躍されることを心より願っています。

　最後に、出版に多大なサポートとご指導をいただきました株式会社ジーアップキャリアセンターの野田啓子氏と、公益財団法人日本生産性本部生産性出版・生産性労働情報センター編集長下村暢氏、編集担当の横井祥子氏に心より感謝と御礼を申し上げます。

著者記す　2024年初夏

●● 目　次 ●●

まえがき

日本の風習の特色

1 日本の文化

　総じて、日本文化は有史以来、輸入文化・翻訳文化の側面を持ち（固有の文化が存在しないという意味ではない）、自文化（自国）より上位の文化（国）を尊び、外国の事情に通じた知識人が文化上の優位を保つ傾向がありました。

　特に、平安期と江戸期に日本は外国との交流を絶ったことがあります。しかし、この時期に日本独自の文化が顕著に熟成されたという特徴があります。

　強大な中華帝国唐が盛んな時代には、留学生が学んできた先進文化が政策上の規範になりました。「国風文化」の時代に“かな”文化は起きましたが、絵画の世界では中国の山水画がもてはやされました。江戸時代、鎖国の世に伝統への回帰として国学などの学問も盛んになりましたが、儒学者などの間には中国崇拝の風潮が強く残っています。

　その後、近代日本の文化は、明治維新と連合国占領時代の２度、大転換期を迎えました。現在の日本人がイメージする伝統的文化にも、明治以降に生まれたものや外国文化であるものも多いといえます。日本を強国にするため積極的に西洋の文物を取り入れようとする動きと、独立のために伝統を強調しようとする動きの両者が存在し、時には極端な西洋崇拝になったり、逆に外国を排斥するようになったりもしました。第二次世界大戦後は、差し迫った危機感が去った（薄れた）ものの、両者の動きは続いていると見られます。

　一方、大海と大陸に挟まれた極東の小さな島国において、文化的な寛容さを持ち、他国の文化の長所を取り入れ、様々な要素を含みながら発展してきた日本文化は、世界文化史的にもユニークな一画を占めていると考えることができます。しかし、グローバリゼーションと情報化という新たな国際化の波のうえで、日本の伝統文化も、その形骸化や排他性などの側面において、さまざまな新規課題が生まれています。

（1）日本の国花

　日本人に最も愛好され、日本を象徴する花といえば桜です。日本人は、1週間ほどで散ってしまう桜から、美しさとともに無常感や物悲しさ、あるいは潔さを読みとります。

　この花と日本人の叙情は昔から深く結び付いており、平安時代（794年〜1185年）以来、和歌にもよく詠まれています。その美しさが平和のシンボルとして、日本から海外に贈られ、アメリカのワシントンD.C.のポトマック河畔やベルリンの壁跡に、その薄桃色の花を春ごとに咲かせています。

（2）日本の国歌

　日本の国歌は「君が代」です。「君」とは天皇のことを指し、歌詞の内容は「天皇の治世がいつまでも続きますように」という願いが込められています。

　この歌は、もともと天皇が世の中を統治していた時代である10世紀初頭に編纂された『古今和歌集』にある和歌からとられています。この歌は国歌として国家的祭典、国際的行事、学校や祝祭日などにおいて歌われています。国技である相撲でも、千秋楽の優勝者表彰のときには観客全員が起立して歌います。

（3）日本の国鳥

　日本を代表する鳥はキジ（Japanese Pheasant）です。キジは日本固有の鳥で、古くから人々に親しまれており、1947年（昭和22年）に国鳥に指定されました。人里離れた雑木林や草原に住み、雄は顔が赤く体全体が暗い緑色で尾が長く、雌は淡い褐色で黒い斑点があり、雄より小さく尾も短いという特徴があります。秋から冬にかけて狩猟の対象とされ、古くから食肉用として珍重されてきました。婚礼の祝い物として用いられることも多くありました。鳥の中でも最上とされ、雄と雌が互いを求めて鳴く声に哀愁があるため、歌や俳句では妻子を恋うる心情の象徴とされています。

2　日本の祝祭日

　日本では、国民の祝日に関する法律があり、自由と平和を求めてやまない日本国民は、美しい風習を育てつつ、よりよき社会、より豊かな生活を築きあげるために、国民が祝い、感謝し、または記念する日を定め、これを「国民の祝日」と名づけるとされています。なお、「国民の祝日」が日曜日に当たるときは、その日後において最も近い「国民の祝日」ではない日を振替休日とします。

　また、日本には和風月明（わふうげつめい）と呼ばれる、旧暦で使用されていた和風の月の呼び名があります。旧暦の月の名称なので、現在の季節感とは1〜2ヶ月ほどのずれが生じることがありますが、四季折々の季節感を織り込んだ風情ある名称が多く、現代でも用いられています。

　ここでは各月の「国民の祝日」と和風月名の読みかたや由来について簡単に紹介しています。

1月（睦月：むつき）

　お正月に家族や親戚が集まり、睦み合う（親しくする）月という意味。

・1月1日…元日

「年のはじめを祝う」、国民の祝日です。

・1月第2月曜日…成人の日

「おとなになったことを自覚し、みずから生き抜こうとする青年を祝いはげます」日です。これまで全国の自治体では20歳になった人たちを祝福して「成人式」を催しました。女性の多くは、華やかな振袖姿でこの式に臨みます。日本ではこれまで20歳になると成人と認め、選挙権をはじめ市民権が与えられてきたからですが、2022年（令和4年）4月1日から改正民法により成人対象者が18歳に変更されました。しかし18歳は高校3年生が中心で、就職・進

学・部活などで忙しく、成人式に参加が難しい対象者が多いことから、引き続き「20歳の集い」として開催する自治体が多くなっています。
　※飲酒喫煙、公営ギャンブルが許されるのは引き続き20歳からです

2月（如月：きさらぎ）
　まだ寒さが残っていて、衣を重ね着する月という意味。漢字は当て字で中国の2月を表すもの
・2月11日…建国記念日
　「建国をしのび、国を愛する心を養う」日です。初代天皇である神武天皇が即位したのは2月11日だという神話に基づき、その日を日本が始まった日と定めたものです。
・2月23日…天皇誕生日
　「天皇の誕生日を祝う」日です。2019（令和元）年に即位された第126代天皇徳仁の誕生日です。

3月（弥生・やよい）
　草木が生い茂る月。
・3月20日…春分の日
　「自然をたたえ、生物をいつくしむ」日です。春分日という、太陽が春分点に達する日で、昼と夜の長さが等しくなります。春分の日をはさんで前後3日ずつの計7日間を「春の彼岸」といいます。彼岸とは仏教で「あの世、極楽」を指し、仏教信者でなくてもこの期間には墓参りをします。墓をきれいに掃除して花や線香などを供え、故人の霊を弔うのです。

4月（卯月：うづき）
　卯の花（ウツギの花）が盛りの月。
・4月29日：昭和の日
　「激動の日々を経て、復興を遂げた昭和の時代を顧み、国の将来に思いをいたす」日です。1989年（昭和64年）に崩御された昭和天皇の誕生日でもあります。日本は一般的にこの日からゴールデンウィークに入ります。5月3日の

憲法記念日、4日のみどりの日、5日の子供の日のほかに土・日曜日も組み合わされ、年末年始の休みと夏休み以外では最も休日が多い週となるのです。

5月（五月：さつき）

　早苗（さなえ）を植える月。「皐」という字には水田の意味があります。

・5月3日…憲法記念日

　「日本国憲法の施行を記念し、国の成長を期する」日です。1947年（昭和22年）5月3日に現行の日本国憲法が施行されたことを記念して、国民の祝日として制定されました。日本国憲法は、第2次世界大戦の反省から第9条で戦争放棄を定め、軍隊を持たないことを規定しています。平和主義のほか国民主権、基本的人権の尊重などが日本国憲法の基本精神です。

・5月4日…みどりの日

　「自然に親しむとともにその恩恵に感謝し、豊かな心をはぐくむ」日です。2006年（平成18年）までは4月29日でしたが、2007年（平成19年）から5月4日になりました。

・5月5日…こどもの日

　「こどもの人格を重んじ、こどもの幸福をはかるとともに、母に感謝する」日です。もともとは端午の節句といって、男の子の成長を祝う日でしたが、今は一般に子供のためのお祝いの日となっています。

6月（水無月：みなづき）…祝日はありません。

　田んぼに水を引く月。「無」は「の」を意味するもので「水の月」の意味になります。

7月（文月：ふづき）

　稲の穂が実る月。穂含月（ほふみづき）が転じたもの。

・7月第3月曜日…海の日

　「海の恩恵に感謝するとともに、海洋国日本の繁栄を願う」日です。元々は「海の記念日」という記念日でしたが、1996年（平成8年）から国民の祝日になりました。7月は「海の月間」で期間中には人々が海に親しむためのさま

ざまなイベントが全国各地で開催されます。

8月（葉月：はづき）

木々の葉が落ちる月。葉落ち月（はおちづき）が転じたもの。

・8月11日…山の日

「山に親しむ機会を得て、山の恩恵に感謝する」日です。2014年（平成26年）の祝日法改正により2016年（平成28年）から設けられた最も新しい国民の祝日です。

9月（長月：ながつき）

秋の夜長を意味する夜長月（よながづき）から転じたもの。

・9月15日…敬老の日

「多年にわたり社会につくしてきた老人を敬愛し、長寿を祝う」日です。老人を敬い、長寿を祝うとともに、今後の健康を祈り、さらには老人福祉の問題に対する理解を深める日でもあります。地方自治体や敬老会などが演芸会をはじめさまざまな催しを開いたり、記念品を贈呈したりします。

・9月23日…秋分の日

「祖先をうやまい、なくなった人々をしのぶ」日です。秋分の日をはさんで前後3日ずつの7日間を「秋の彼岸」といいます。寺では法事が行われ、人々は墓参りをして先祖の霊を慰めます。春分の日と同様に、昼と夜の長さが等しくなる日でもあり、このころを境に夏の暑さも終わりを告げ、秋が深まってくるのです。

10月（神無月：かんなづき）

「神の月」という意味。全国の神々が出雲の国に集まるため各地の神々が留守になると言われる説もあり、島根県、出雲地方では「神在月（かみありづき）」と呼ばれています。

・10月第2月曜日…スポーツの日

「スポーツを楽しみ、他者を尊重する精神を培うとともに、健康で活力ある社会の実現を願う」日です。1964年（昭和39年）10月10日に東京オリンピッ

クの開会式が開催されたのを記念して、1966年（昭和41年）から国民の祝日となりました。2000年（平成12年）より移動祝日となり、2020年（令和2年）より「体育の日」から「スポーツの日」に変更されました。秋は気候がよいため、スポーツも盛んになりますが、とりわけ体育の日には、学校や地域の運動会やスポーツ大会が数多く開催されます。

11月（霜月：しもつき）

霜が降りる月が転じてたもの。

・11月3日…文化の日

「自由と平和を愛し、文化をすすめる」日です。もとは明治天皇の誕生日を祝うための日でした。この日には文化祭や芸術祭などが各学校や地域で開催されるとともに、日本文化に貢献した人たちには政府から文化功労賞が授与され、特に文化の発展に尽くしたとされる人には皇居で文化勲章が授与されます。

・11月23日　勤労感謝の日

「勤労をたっとび、生産を祝い、国民が互いに感謝しあう」日です。古くから、新嘗祭（にいなめさい）と呼ばれる行事が宮中で執り行われてきました。これは、天皇がその年の新米を神に捧げ、初めて食するという行事で、その祭儀は現在も皇室で行われています。

12月（師走：しわす）…祝日はありません。

師（僧）が馳せる（走る）月という意味。12月は僧を家に迎えてお経をあげてもらうという習慣があり僧侶が忙しく駆けまわる「師馳す」から転じたといわれる。

Ⅰ. 日本の風習の特色

3　日本の行事

お正月　1月1日（元旦）（または1月1日から3日間ないし1週間）

　お正月とは1月のことですが、祝う期間は一般的には1月1日から3日間（三ヶ日）または1週間（松の内）で、日本人には最も大事な期間です。学校も会社も1～2週間休みとなり、家族と離れて暮らしている人の多くも、帰省して家族と一緒に過ごします。お正月を迎えるにあたっては大掃除をし、門松やしめ飾り、鏡餅の準備をします。大晦日（12月31日）の夜には寺で除夜の鐘が鳴らされ、年越しそばを食べて新年を迎えるのです。和服を着ることも多く、元旦（1月1日）には寺社へ初詣に行って新年の健康と幸福を祈ります。届いた年賀状に目を通すことや、子どもにとってはお年玉をもらうことも、お正月の楽しみの1つです。

節分　2月3日ころ

　節分とは本来、「季節の分かれ目」を意味していましたが、現在では特に、立春の前日である2月3日ごろがこれに当たります。この日の夜、人々は炒った大豆を家の内外にまきながら、「鬼は外！　福は内！」と唱えます。その年の健康を祈るため、大豆を自分の年の数だけ食べるという習慣もあります。また、寺や神社でも大がかりな豆まきが実施されます。

ひな祭り　3月3日

　ひな祭りは3月3日、女の子の成長や幸福を願う行事です。女の子のいる家庭の多くはひな人形を飾り、桃の花やひなあられ、菱餅、白酒などをひな人形に供えます。ひな祭りの起源は、身のけがれや災いを人形に移し、川に流して厄払いしたという古代中国の風習にあります。これが日本に伝わると女の子の人形遊びと結び付き、江戸時代（1603年～1867年）からはひな祭りとして

行われるようになりました。

春分の日　3月20日ころ

　春分の日は、3月20日ごろ、太陽が春分点に達する日で、昼と夜の長さが等しくなります。日本では自然をたたえ、生物をいつくしむ日として、国民の祝日にも制定されています。春分の日をはさんで前後3日ずつの7日間を「春の彼岸」といいます。

彼岸（春・秋）

　彼岸は年に2回あり、それぞれ春分の日と秋分の日を真ん中に挟んだ1週間をさします。彼岸とは仏教用語で「死者が渡る川の向こう側」を意味するもので、こちら側が生きた者の世界であるのに対し、向こう側は死者の世界というわけです。その向こう側にいる先祖の霊を慰めるため、彼岸には墓参りに行きます。なお、丁寧に「お」を付けて「お彼岸」と呼ぶのが一般的です。

お花見　3月中旬から4月

　美しく咲いた桜を観賞し、遊び楽しむため公園などに出かけることを「花見」といいます。日本では3月中旬から4月に桜の花が満開になると、家族や職場の仲間、友人たちと一緒に花見に出かける習慣があるのです。桜の花の下にゴザなどを敷いて花を愛でながら飲食を楽しんだりして春の到来を楽しみます。都会では特に夜桜見物も人気があります。春の夜空には、満開の桜の美しさがよけいに強調されます。

端午の節句（子供の日）　5月5日

　5月5日は子供の日です。もともとは端午の節句といって、男の子の成長を祝う日でしたが、今は一般に子供のためのお祝いの日となっています。この日、男の子のいる家庭では武者や英雄を模した五月人形を飾ったり、空高く鯉のぼりを立てたりします。鯉は滝でも泳いで登ってしまう力があり、昔から立身出世のシンボルとされてきたことによります。この日には薬効があるといわれる菖蒲を風呂に入れて入る習慣が昔からあり、ちまきや柏餅といった伝統的

な和菓子も欠かせない供物となっています。

七夕　7月7日

　七夕は7月7日に行われる星祭りです。天の川を挟んで両岸にさかれたアルタイ（牽牛星）とベガ（織女星）が年に1度この日の夜に出会う、という中国の伝説が日本の信仰と一緒になったもので、もとは朝廷の貴族の間で行われていた祭でしたが、江戸時代（1603〜1867年）から一般庶民の間に定着しました。6日の夜には、色とりどりの短冊に願いごとを書いたり、歌を書いたりして笹につるし、7日の夜に庭先に出します。夏のクリスマス・ツリーといえるほど美しいものです。近年では、宮城県仙台市や神奈川県平塚市など大規模な飾りを商店街のアーケードに飾って観光客を集めています。

花火大会　7－8月

　花火大会は夏の代表的な風物です。江戸時代（1603〜1867年）に江戸（現在の東京）の隅田川で、玉屋と鍵屋という花火メーカーが競って打ち上げた花火大会がその起源です。夏には各地で花火大会が行われます。日本の夏は暑く、湿気が多いので、眠れぬ夜の慰みにふさわしいにぎやかな催しです。夜空に美しく咲いてパッと消える様子は、桜と同様、潔さや無常の象徴にたとえられます。

お盆　7月ないし8月中旬

　7月13日から15日、または8月に行われる仏教行事の1つで、先祖の霊を供養するものです。このときに霊が戻ってくるといわれているため、霊が道に迷わないよう家の門口で迎え火をたいたり、室内にちょうちんをともしたりするほか、仏壇をきれいにし、野菜や果物などの供物を飾ります。そして盆が終わると霊を送り返します。これを精霊送りといい、送り火を門口でたき、供物を川や海に流すのです。

終戦記念日　8月15日

　第2次世界大戦は、連合国のポツダム宣言を日本が受諾し、無条件降伏をし

たことによって終了しました。1945年（昭和20年）8月15日、天皇がラジオ放送で日本国中にそのことを伝えたのです。現在ではこの日を終戦記念日として、戦没者を慰霊する行事が各地で行われています。悲惨な戦争の記憶を後世に伝え、2度と戦争を繰り返してはならない、という決意を新たにする日でもあります。

十五夜　9月（旧暦8月15日）

　東洋には月を鑑賞する習慣があり、日本でも旧暦8月15日の夜には月見団子やすすきの穂、季節の果物などを窓辺に飾って月に供え、満月を鑑賞します。澄んだ秋空に浮かぶ満月は格別美しく見えるものですが、農耕民族である日本人の月見の原型は、月を神に見立て、これから実る稲の豊作を祈るための行事だったとされています。それが現在でも月見として広く行われているのです。

秋分の日　9月23日ごろ

　秋分の日は9月23日ごろで、国民の祝日です。秋分の日を中日とする1週間は秋の彼岸といい、寺では法事が行われ、人々は墓参りをして先祖の霊を慰めます。

　この日はまた、春分の日と同様に、昼と夜の長さが等しくなる日でもあります。このころを境に夏の暑さも終わりを告げ、秋が深まってくるのです。

七五三　11月15日

　11月15日に子供の成長を祈って行う行事です。日本では奇数はめでたい数とされてきたため、子供の成長にとって大切な時期の奇数年、すなわち男の子は3歳と5歳、女の子は3歳と7歳に祝うのです。この日、子供たちは晴れ着を着て両親と神社に行き、氏神に参詣します。子供たちには千歳飴という、鶴や亀の描かれた袋に入った紅白の細長い飴が買い与えられます。「千歳」は千年を意味し、鶴も亀も日本では長寿の象徴です。また赤と白は日本人にとってめでたい色の組み合わせで、ここには子供の健康と成長への祈りが込められているのです。

クリスマス　12月24・25日

　日本ではクリスチャンに限らず多くの人がクリスマス・イブに家族や恋人にプレゼントを渡したり、一緒に食事をしたりして楽しみます。消費意欲を刺激するデパートや企業の戦略が、このようなクリスマス文化を作ったともいえます。11月後半になると繁華街には大きなツリーが飾られ、デパートや街の商店街などではクリスマス・セールの宣伝が行われるのです。

大晦日　12月31日

　1年の最後の日、12月31日を大晦日といいます。新しい年を気持ちよく迎えるため、家中の大掃除、畳や障子の張り替えなどはこの日までに済ませておき、帰省してきた家族を交え、一家だんらんのうちに正月を迎えます。夜の12時近くなると、全国の寺では除夜の鐘をつき始めます。仏教の教えによれば人間には108の煩悩があり、除夜の鐘を108回つくことによって、その煩悩を取り除くのです。そして人々は除夜の鐘の音を聞きながら、翌年の健康や長寿を願って年越しそばを食べます。

4　日本のお祭り

　日本の祭りは大きく２つに区分されます。伝統的に行われている祭りは、神道の神と人間とが特定の日に儀式にのっとった交渉を行うことです。これはさまざまな民間信仰も交ざっているため形式はいろいろですが、神社があれば日本のどの地域でも必ず行われています。一方、伝統的な祭りが地域住民のすべてが参加して日常とは別の空間を現出することから、似たような形になる記念・祝賀のための集団的な行事も、あえて「祭り」というようになりました。さらに、一定の人数が集まってにぎやかな空間が作られれば「祭り」となり、また集団的な恍惚状態になるようなときには、これを「お祭り騒ぎ」というのです。

（1）雪祭り

　北海道は、日本列島を構成する主要４島の中で最も北にある島です。その北海道の中心地・札幌は冬季オリンピックが開催された街でもありますが、冬は雪祭りでも有名です。これは神をまつる伝統的な祭りとは違い、第２次大戦後に行われるようになった雪像の祭りです。毎年札幌の大通り公園他で行われ、海外からの観光客も含めて数十万人の見物客が集まります。

　自衛隊を初めとする大きな組織から市民個人まで、多くの人が参加して雪像を作ります。城や怪獣など巨大な像は、市外から大量の雪を運んで何週間もかけて作られ、人々の人気を集めています。

（2）ねぶた祭り

　北国の夏は短く、その短い夏に激しい
情熱を発散する祭りが、東北で行われる
ねぶた祭です。そもそもは七夕の行事と
して行われていたもので、極彩色の武者
絵などを大きな灯篭に描いて街中を引き
回しますが、その灯篭の周囲に、多い場
合は数千人も集まって踊りながら一緒に街を回ります。このねぶたが多いとき
で60台が出ますから、その人出と熱気にはすさまじいものがあります。8月
1日から7日にかけて、東北地方の青森市や弘前市を中心に行われています。
近年の観光客数は数百万人が記録されたこと、また海外の祭りにも参加するこ
ともあり、日本を代表する祭りの一つといえるでしょう（注：弘前市では「ね
ぷた」といいます）。

（3）竿燈祭（かんとうまつり）

　青森のねぶた祭、仙台の七夕祭とともに東北三大祭りの1つで、8月3日か
ら6日にかけて秋田市で行われます。「夏になると、暑さと激しい労働のため
に睡魔に襲われ、眠り病にかかる」と信じられていた時代に、その睡魔を追い
払うために、灯篭付きの杉の木を門前に立てていたのが竿灯祭の起源です。現

在では農作物の豊作を祈って、竿灯は稲
穂を型どり、高さ10メートルの竹竿に9
本の横棒を付け、それに多いもので46個
のちょうちんを付けます。このような竿
灯が180本も連なり、夜の街を埋めつくし
ます。

（4）三社祭

　東京の三大祭りの１つです。５月の半ばに浅草神社の祭礼として行われます。江戸（今の東京）の祭りは、みこしを数十人でかついで街々を巡る渡御が主体です。この三社祭は、浅草という伝統的な町並みの中で、各町内会のみこしが数十基と大きなみこし３基が勇ましく練り歩くことで人気があり、毎年数十万人の見物人を集めています。神社の境内では古式の田楽が舞われ、３日間の期間中は正月の初詣期間とともにこの街が最もにぎやかなときです。

（5）神田祭

　神田生まれは江戸っ子の代表といわれるほど、神田は江戸（今の東京）の繁華街の中心でした。神田祭は神田明神で５月に行われる祭礼です。他の東京の祭りと同様、みこしの渡御が主体です。江戸っ子は威勢がよくて喧嘩っ早いといわれますが、その中でも神田祭は威勢がよく、江戸の華ともいわれました。現在は昔ほどのにぎわいは見られませんが、東京の三大祭りの１つとなっています。

（6）秩父夜祭

　京都の祇園祭、飛騨高山の高山祭と並んで日本三大曳山祭として有名で、300年以上の歴史があります。12月２〜３日に埼玉県秩父神社の祭礼として行われます。笠鉾２台と屋台４台が山間の寒い夜の街を巡ります。６台にはすべて無数のちょうちんやぼんぼりが灯され、にぎやかに花火が打ち上げられて冬の夜空を彩り、その美しさに数十万人の見物客

は酔いしれるのです。

（7）祇園祭

　京都の八坂神社の毎年7月17日～24日まで行われる豪華絢爛な祭礼です。元は平安時代初期の869年（貞観11年）疫病を退散させるために行われた「御霊会（ごりょうえ）」で、当時の国の数である66本の鉾を立てて祭礼を行いました。後にこの鉾がいろいろに飾り付けられるようになりました。江戸の祭りが勇壮な神輿（みこし）が中心であるのに対し、こちらは豪華絢爛な鉾（ほ

こ）が有名です。この鉾は2階建てになっており、上では伝統的な伴奏楽器をつかったお囃子がにぎやかに演奏されます。7月になるとこのお囃子の稽古が街々で行われ、京都に夏が来ることを人々に印象付けるのです。

（8）博多どんたく

　5月3、4日に九州博多で行われる櫛田神社の祭礼です。「どんたく」とはオランダ語のZontagがなまったもので「日曜・休日」の意味です。神社から稚児が乗った曳台が出発し、馬に乗った恵比寿・大黒・福禄寿の3福人が続きます。多数の傘鉾や趣向を凝らしたさまざまな山車がこれに続き、街々を練り歩き、要所では稚児が舞を舞います。三味線や鼓などで松囃子がにぎやかに演

奏されて祭りの雰囲気を盛り上げます。この松囃子は、博多松囃子と呼ばれ、800年前に当時の領主、平重盛に感謝するために始められたといわれ、明治に入ってから「博多どんたく」と呼ばれるようになりました。

5 その他の風習

（1）五山の送り火

　京の夏の夜空を焦がす京都の名物行事・伝統行事。葵祭・祇園祭・時代祭とともに京都四大行事の一つとされます。毎年8月16日に「大文字」（左京区浄土寺・如意ヶ岳）「妙・法」（左京区松ヶ崎・西山及び東山）「舟形」（北区西賀茂・船山）「左大文字」（北区大北山・左大文字山）「鳥居形」（右京区嵯峨鳥居本・曼陀羅山）の五山で炎が上がり、お精霊（しょらい）さんと呼ばれる死者の霊をあの世へ送り届けるとされます。

（2）灯篭流し（精霊流し）

　死者の魂を弔って灯篭やお盆の供え物を海や川に流す行事です。一般的には、お盆の行事送り火の一種です。長崎県などの一部地域では精霊流しと呼ばれ、灯篭ではなく精霊船を流します。

（3）おみくじ

　神社・仏閣等で吉凶を占うために引く籤です。紙片には運勢の概要が「大吉・吉・中吉・小吉・凶」などの吉凶の語句で書かれ、探し物・待ち人・健康・金運・生活等の個別の運勢が文章で記されています。引いた後の神籤を境内の木の枝などに結ぶ習慣があります。

日本の地理風土の特色

1 日本の面積・人口

面積：領土……………………… 約38万平方キロメートル

　　　領海（含：内水）…… 約43万平方キロメートル

　　　領海（含：内水）＋排他的経済水域……約447万平方キロメートル

人口：　日本では人口の５割が国土の14％ほどの平野に集中しています。また、特に東京・名古屋・大阪を中心とする地域（三大都市圏）に日本の人口の約半数が集中しています。このような人口の差により、過疎化・過密化といった問題が発生しています。

　　　　また、人口の変動においては減少に転じる転換期にあり、政治的・社会的問題となっています。世代別では、第２次世界大戦後のベビーブームと言われる時代に生まれた世代が突出して多いほか、65歳以上の高齢者が全人口の４分の１以上を占め、世界的に見ても高齢化が進んでいます。一方、出生率は2005年を底に多少持ち直しているものの、1970年代後半から低下し続け、15歳以下の年少人口の割合が低い、「少子・高齢社会」です。

　　　＜総務省統計局（2024年２月公表）による日本の人口は以下のとおり＞

　　　●日本の総人口は１億2,435万人、前年同月比−62万人（−0.50％）

　　　・15歳未満人口は1,420万人、前年同月比−32万人（−2.21％）

　　　・15〜64歳人口は7,392万人、前年同月比−28万人（−0.38％）

　　　・65歳以上人口は3,623万人、前年同月比−２万人（−0.06％）

　　　　うち75歳以上人口は2,002万人、前年同月比＋73万人（＋3.76％）

　　　●日本人人口は１億2,127万人、前年同月比 −83万人（−0.68％）

Ⅱ．日本の地理風土の特色

2　日本の地形

　日本は東北から南西に長く伸びた弧状の列島で形成されています。列島を構成する主な島は北海道・本州・四国・九州の4島で、さらに、沖縄を主体とする南西諸島を加えればその長さは3,500kmになります。地形の特色から本州のほぼ中央を境にして、東北弧と南西弧とが合体して日本列島が形成されたと考えられています。国土面積の61％は急峻な山岳地帯であり、森林に覆われています。

　一方、人が住むのに適した平野や山間の盆地を併せた平地の面積は24％に過ぎません。ここに人口の65％が集中しています。そのため、美しい山々と豊かな緑に恵まれている反面、居住可能面積あたりの人口密度は世界有数となっています。

（1）森林

　日本の国土の66％は森林です。森林がこのように多い理由には、降水量が多く、どこでも森林が発生する条件が整っていることがあげられます。東京の1日あたり平均降水量は11mm、雪国の新潟で8mmですが、他の温帯に属する諸国はその2分の1程度に過ぎません。加えて山岳地帯が国土の61％を占めているのも、森林地帯が多い理由です。また、氷河期に日本列島が氷河におおわれなかったため、ヨーロッパやアメリカ大陸の温帯地域に比べて植物の種類も豊富です。植林をはじめとする森林の管理も進んでいます。このような条件の下で、日本は木の文化を育んできました。奈良の法隆寺は世界最古の木造建築物です。

（2）火山

　地震地帯にほぼ重なるようにして火山地帯が日本列島を走り、世界で最も地震・火山活動が活発な地域を形成しています。各地の火山は時々大噴火をし

て、被害をもたらします。例えば1990年から約5年間続いた長崎県雲仙普賢岳の噴火はふもとの町を火砕流と土石流で襲い、大きな被害を与えました。また、2014年の長野県御嶽山の噴火により多くの登山者が亡くなっています。富士山も歴史的に何度も大噴火を起こしていることから、いずれまた噴火するのではないかと言われています。

しかし火山は日本列島に被害をもたらすだけでなく、各地に温泉を湧出するなど人々の健康に寄与しています。温泉は古くからさまざまな病気に効くことが知られ、各地に古くからの湯浴場や観光施設が作られています。

（3）海

日本は海に囲まれた島国です。しかも大陸からの距離は文化を受容するには遠すぎず、侵略を受けるほど近くもないという、独自の文化圏を作るに極めて適した位置にありました。太平洋側には南から暖流の黒潮が流れ、北からは親潮が下って日本列島の近くでぶつかり、そこに世界の3大漁場のひとつ、「三陸沖漁場」が形成されています。日本海側にはそれらの支流が流れ込んでいます。北海道の北東部は、春になるとオホーツク海から流氷が大量に流れてきます。南の沖縄や小笠原の海には世界有数のさんご礁があり、美しい海として世界的に有名です。

（4）川・湖

急峻な山岳地帯が61％もあり、降水量が多い日本列島には、当然ながら川も湖も多くあります。川は地形を反映して急流が多く、水量も豊富です。また、山岳地帯の森林が良く水を保持しながら地下水となって流れているため湧き水も多く、きれいな水が湖や川に流れ込んでいます。北海道の摩周湖は、かつて世界で最も透明度の高い湖でした。

しかし、全国の川では大規模なダム建設や堤防工事が治山治水のために行われてきたために自然が破壊されてきたり、工場排水で汚染されたりしてきました。いま日本人は、美しい自然と人々の安全や便利な生活をどうすれば両立できるか、再び考え始めています。

Ⅱ．日本の地理風土の特色

3　その他の特徴

（1）気候

　日本列島は南西諸島が亜熱帯、北海道が亜寒帯気候に属す他は、ほぼ温帯地帯に属します。アジア大陸の東端、太平洋の西端に位置しているため、夏は太平洋の高気圧から吹き込む南東の季節風を受けて高温多湿、冬はシベリア高気圧の影響で北西の季節風が吹き込んで寒くなります。この寒暖の温度差を東京と同緯度のロサンゼルスと比較すると東京のほうがはるかに大きく、日本の気候の特色は季節がはっきりしていることと、温帯の中でも最も降雨量が多いことです。農耕民族である日本人は、この季節の特色を活かし、農事と結びつけた季節感が鋭く、それが美意識に反映して独特の感性を形成してきました。

【台風】

　南太平洋の熱帯性低気圧が発達して一定以上の大きな勢力を持つようになったものを「台風」と呼び、夏から秋にかけて毎年多くの風水害を日本列島にもたらします。日本の風水害の80％は台風によるものです。風による被害としては建造物破壊、作物減収、潮風による送電線の故障などがあり、豪雨による被害は建造物の浸水・流失、地滑り、山崩れ、土石流などがあります。

　アメリカのハリケーンなどと比較して日本の台風被害の特色をあげれば、急峻な山岳地帯のために起きる地滑り・山崩れなどが多いということでしょう。毎年このために何人もの死者が出たり、家屋が破壊されたり、交通が遮断されたりします。

2）地震

　世の中の恐ろしいものの順位を、日本人はユーモアを交えて「地震、雷、火事、おやじ」と表現します。地震は恐ろしいものの第一位に挙げられるほど被害が大きく、また日本列島各地で頻繁に発生します。地球規模でこの地震の発

生地帯を見ると、日本列島は環太平洋地震帯に区分されます。1923年の関東大震災では、家屋倒壊と火災により約9万人の死者が出ました。

　1995年1月17日に発生した阪神・淡路大震災では、死者は6,434名、行方不明者は3名、負傷者43,792名とされています。関東大震災に比べると被害者数は少ないようですが、被災地域が関東大震災より狭かったことや津波被害がなかったことがあげられます。また、大正時代に比べると建築物の不燃化が進んでいること、住宅の耐震性が高くなったことも大きい要因とされています。

　2011年3月11日に発生した東日本大震災では、太平洋沿岸の各地で巨大な津波がおこり、甚大な被害が発生しました。警察庁は、死者は約15,900人、重軽傷者は約6,150人以上、警察に届出があった行方不明者は約2,600人であると発表しています（ただし未確認情報を含む）。日本国内で起きた自然災害で死者・行方不明者の合計が1万人を超えたのは、戦後初めてです。

　このように頻発する地震の被害を最小限に食い止めるために、日本では地震予知の研究が進み、さらに建造物にも世界最高水準の安全基準が設けられています。

Ⅱ. 日本の地理風土の特色

4　日本の都道府県

（1）北海道・東北地方

①北海道

　日本の最北端に位置し本州とは津軽海峡によって隔たれており、西は日本海、北東はオホーツク海、南東は太平洋の３つの海に囲まれています。面積は都道府県の中で最も大きく、日本全土の22％にあたります。特徴としては、冬が長く厳しく、梅雨がなく雨が少ないことです。

　広い土地を利用した農牧業と、資源に恵まれた漁業が盛んです。牛肉・生乳の生産量は日本一です。じゃがいも・だいこん・にんじん・たまねぎ・小麦等の生産量も日本一で、寒さに強い品質の米作りも行われています。さらに、林業も盛んです。

　ニセコや美瑛エリアへの訪日観光客が増えています。また、毎年２月に行われる札幌雪祭りは有名です。

　郷土料理に、羊の肉を使った「ジンギスカン」があります。2008年には、G20金融・世界経済に関するサミットが、洞爺湖畔のホテルで開催されました。

【北方領土】

　根室半島の沖合にある国後島、択捉島、歯舞諸島、色丹島の４島をさし、日本は返還を求めてロシア政府と長年にわたって話し合いを進めています。

②青森県

　本州の最も北に位置していて、東は太平洋、西は日本海、北は津軽海峡に面しています。青森県と北海道の間には、16年の歳月をかけて開通した53.85kmの「青函トンネル」があります。また、東北新幹線が2010年、東京―新青森全区間開通しました。

　涼しい気候を活かして、りんごの生産量は全国の５割以上を占めていま

す。県内各地で米作りも盛んです。漁業も盛んで、水揚げ量の多い八戸港や、ほたての養殖の陸奥湾などがあります。日本三大美林のひとつ「青森ヒバ」があります。

六ヶ所村で核燃料サイクル事業が進められ、さらに、むつ小川原国家石油備蓄基地があり、国内需要12日分の石油が備蓄されています。

毎年8月上旬の「青森ねぶた祭り」は、東北三大祭りのひとつとして多くの観光客を集めます。また、弘前市の弘前公園は、日本屈指の桜の名所としても知られています。

③岩手県

東北地方の北東部に位置し、北海道に次いで二番目に面積が大きい県です。太平洋に面した東側の三陸海岸には、リアス海岸という、複雑に入りくんだ海岸線が広がっています。変化に富んだ地形や気候を活かした農業が行われています。林業と葉たばこの生産が盛んです。内陸部の酪農によるバターをはじめとする乳製品が有名で、乳牛の飼育頭数は日本3位です。沖合によい漁場があることから、宮古市を中心に鮭やサンマなどの水揚げ量が多く、カキやワカメの養殖も行っています。沿岸部では夏に「やませ」という冷たく湿った風により、農作物が被害を受けることもあります。（冷害）

奥州藤原氏によって建てられた「中尊寺」を含む平泉地域は、2011年6月「平泉—仏国土（浄土）を表す建築・庭園および考古学的遺跡群」としてユネスコ世界遺産リストに登録されました。

④宮城県

東北地方の行政・経済の中心地です。特に、県庁所在地の仙台市は江戸時代に城下町として栄え、現在は政令指定都市であり、東北新幹線をはじめ多くの鉄道が乗り入れるターミナル駅となっています。仙台平野を中心に米作りが盛んで、石巻・気仙沼は漁港としてサンマ・カツオを中心に全国でも有数の漁獲量を誇っています。北部のリアス式海岸地域では、カキやのりの養殖も盛んです。仙台の笹かまぼこ、箪笥、鳴子のこけしなどの伝統工芸も有名です。

毎年8月上旬に「仙台七夕まつり」が行われ、多くの人でにぎわいます。松島湾内外に浮かぶ260余りの島々からなる松島は日本三景のひとつです。

⑤秋田県

　東北地方の北西部に位置し、南北に細長いかたちをしています。西は日本海に面し、内陸部は冬に多くの雪が降ります。夏はフェーン現象により気温が上がり、とても暑くなることがあります。「あきたこまち」米が全国的な人気で、米の生産量は全国有数です。漁獲量は全国的に見て少ない方ですが、県の魚であるはたはた漁は有名です。

　「秋田スギ」は日本三大美林のひとつであり、毎年8月上旬に行われる「竿灯祭り」は東北三大祭りのひとつです。「なまはげ」などの郷土芸能が有名です。

　男鹿半島にある八郎潟はかつて琵琶湖に次ぐ、日本で二番目に大きい湖でしたが、1957年より干拓工事が行われ、湖の大部分が農地に変わりました。それにより生まれた大潟村は、人造村としては日本で最も大きいものです。

⑥山形県

　東北地方の南西部に位置し、西側の一部が日本海に面し、母なる川「最上川」が流れています。酒田市は江戸時代に日本海側の航路の中心となり、「西の堺（大阪）、東の酒田」ともいわれ東北地方屈指の港町として発展し、現在でも鶴岡市と共に庄内地方の中心都市です。内陸部は寒暖差が大きく、フェーン現象により夏に気温が高温になることがあります。

　農業は米作りと果樹栽培が中心で、さくらんぼと西洋なしは日本一の生産量です。畜産では米沢牛が有名です。また、天童市の将棋駒等の特産品があります。空気や水がきれいで、高速道路や国道の整備が進んだことにより、電子部品などのIC関連工業が盛んになりました。

⑦福島県

　東北地方の南部に位置し、東は太平洋に面しています。県の南部には、古代から東北地方の入り口として白川関がおかれました。県内には山地が多く、猪苗代湖は有名です。2つの山地によって東から、浜通り・中通り・会津と大きく3つの地方に分けられ、気候もそれぞれ異なります。

　米作りが中心ですが、キュウリなどの野菜も栽培され、首都圏に向けて出荷されています。また、福島盆地では桃の栽培が盛んで、全国2位です。阿武隈高地では酪農、葉たばこ、こんにゃくいもの栽培が行われています。良

質の米と水を原料に酒造業が盛んなほか、会津塗りや桐たんすなどの伝統工業も多くみられます。

　発電所が多く、関東地方や東北地方などへのエネルギー供給基地になっています。

（2）関東地方

①茨城県

　関東地方の北東部にあり、東は太平洋に面しています。冬には北西の季節風（日光おろし）が吹いて、乾燥した晴天の日が続きます。日本第2の湖である霞ヶ浦周辺は水郷と呼ばれています。2005年に開通した「つくばエクスプレス」により、東京の秋葉原まで45分で行けるようになりました。

　広い平地があるため農業が盛んで、大消費地東京に向けてレタス、ほうれん草等の近郊農業が行われています。また、霞ヶ浦のワカサギ漁は古くから有名です。

　日立市を中心とする地域では、電気機器や機械類が多く生産され、古くは北関東最大の鉱工業都市として発展しました。つくば市は研究学園都市で、研究施設や先端技術産業が集まっています。また、東海村には日本初の原子炉が造られ、原子力関連施設が集まっています。南部の鹿島港を中心に鹿島臨海工業地帯と呼ばれ、製鉄所、石油コンビナート、火力発電所があります。

　梅の名所として有名で、水戸には、日本三大庭園のひとつである「偕楽園」があります。

②栃木県

　関東地方の北部に位置しており、海に面していない内陸県です。内陸気候のため、夏は暑く、冬は寒さが厳しく、1日の間でも最高気温と最低気温の差が大きいという特色があります。

　交通網の整備により、東京圏への通勤者が増加中です。

　全国でも有数の農業の盛んな地域で、いちごの生産が全国一です。その他に二条大麦、かんぴょうなどさまざまな野菜や穀物が生産されています。

　伝統工芸品として、益子焼き（陶磁器）や結城紬があります。日光、那須

などの観光地や多くの温泉があります。日光東照宮は、世界遺産に登録されています。

③群馬県

　関東地方北西部に位置する内陸県で、冬に乾いた季節風「からっ風」が吹きます。上越・長野新幹線、関越自動車道で首都圏と直結しています。山がちな地形をいかした畑作や畜産が盛んで、下仁田町のこんにゃくいもやねぎ、嬬恋村の高原キャベツは有名です。

　昔より蚕を育てて繭から生糸を取る養蚕も盛んです。明治時代に近代工業の手本として富岡製糸場が造られました。現在でも全国一の生糸生産量を誇り、絹の産地として有名です。桐生市では織物工業が盛んで、桐生織という有名な絹織物があります。

　富岡製糸場（と絹産業遺産群）は2014年に登録された他、草津、万座などの温泉やスキー場が多く、尾瀬などの自然があることから観光業も盛んです。

④埼玉県

　関東地方の中央に位置する、内陸県です。中央部には関東ローム層という火山灰におおわれた台地があります。気候は原則太平洋気候ですが、内陸の気候も見られます。

　東京への通勤・通学者が多い「東京のベッドタウン」と呼ばれ、県南部の蕨（わらび）市は日本で最も小さい市ですが、利便性が高く人口も多く、人口密度が高い市として有名です。大宮駅は新幹線や在来線など鉄道交通の中心になっており「鉄道のまち」といわれ、北側には交通博物館があります。

　都市化により農家は減り続けていますが、首都圏に向けて近郊農業が盛んです。ほうれん草など野菜の生産量も多く、深谷市のネギや川越市のさつまいも、狭山市のお茶は有名です。

　また、全国有数の工業県でもあります。輸送用機械や化学、食品などの工業が発達していて、特産品に草加市のせんべい等があります。秩父地方はセメントとなる石灰石が採れるため、セメント作りでも有名でした。

⑤千葉県

　関東地方の南東部に位置し、南半分は太平洋に突き出た半島になっていま

す。南部は低い山が続き、房総丘陵と呼ばれています。太平洋側の北部には、日本で一番長い九十九里浜があります。気候は三方を海に囲まれているため、冬は暖かく、夏は涼しく穏やかです。

日本と世界の主要都市を結ぶ日本の空の玄関「成田国際空港」があります。旅客だけでなく、貨物の扱い量も多く、国内第1位の貿易港として重要な役割を果たしています。

全国有数の農業県で、生産量が全国上位の農産物が多数あります。落花生やスイカなどの野菜作り、梨やびわなどの果樹栽培も盛んです。野田市や銚子市は、醤油で有名です。全国有数の水揚げ量を誇る銚子港があります。

幕張メッセなど新都心計画も進み、東京湾沿いに京葉工業地帯が広がっています。千葉市、君津市には製鉄所、市原市と袖ヶ浦市には石油化学コンビナートがあります。

また、東京ディズニーリゾートがあり、多くの観光客を集めています。

⑥東京都

日本の政治、経済、文化の中心で、国内最大の消費地です。永田町や霞ヶ関など政治の中心があり、大手町、丸の内、虎ノ門、新橋、品川、日本橋など経済の中心で上場企業の本社がたくさんあります。渋谷、新宿、池袋、銀座など消費地としての繁華街も多くあります。

南の太平洋上に伊豆諸島や小笠原諸島があり、日本の最東端の南鳥島や最南端の沖ノ鳥島、も東京都に含まれます。

東京駅は東海道新幹線、東北新幹線、上越新幹線をはじめ、多くの路線の起点駅となっています。大規模再開発などにより人口の都心への回帰が進み、人口も人口密度も都道府県としては日本一です。

農地は総面積の約5％にすぎませんが、各地で地域の特性を活かした農業が続けられています。東京都の産業は、第3次産業の割合が極めて高いこと、大企業の本社や出版社が集中していること、印刷業が盛んなことが挙げられます。

ビルやコンクリートにより気温が上昇するヒートアイランド現象や、人口過密、土地不足、交通渋滞などの問題も多くあります。

⑦神奈川県

　関東地方の南西部に位置しています。沖合を流れる暖流の黒潮（日本海流）の影響もあって、関東地方の他の県に比べて、全体的に穏やかな気候になっています。東部にある県庁所在地の横浜市は、東京都に次ぐ第2位の人口を持つ巨大都市です。南部の相模湾一帯は湘南と呼ばれ、保養地としても有名です。

　農地は県面積の9％程ですが、東京、横浜の大都市に近いため、野菜や豚肉などの生鮮食料品の生産が盛んです。三浦半島の温暖な気候を活かした野菜の露地栽培は有名です。

　京浜工業地帯を持つ、屈指の工業県でもあります。愛知県につぐ全国第2位の製造品出荷額を上げています。横浜市、横須賀市には自動車工場が多く、横浜港は日本を代表する貿易港です。川崎市には、石油化学コンビナートや火力発電所、製鉄所等があります。また、千葉の木更津市を結ぶ東京アクアラインがあります。鎌倉や小田原など、文化財や史跡が多く、刀剣、鎌倉彫、小田原漆器など伝統工芸品もあります。

⑧山梨県

　関東地方の東部にある内陸県で、周囲は険しい山々に囲まれています。気候は、甲府盆地を中心とした地域は典型的な内陸気候です。年間を通して雨が少なく、昼夜、夏冬の気温差が激しい気候です。富士五湖と呼ばれる5つの湖（山中湖、西湖、精進湖、河口湖、本栖湖）が、富士山の麓に広がっています。山中湖の「逆さ富士」は有名です。

　山がちな土地のため、耕地面積が少なく、水田はその4分の1にもなりません。しかし、傾斜地が多く水はけが良い土壌のため、果物作りに向いています。ブドウ、もも、スモモの生産は全国一のほか、キャベツや大根などの高原野菜や、酪農も盛んです。

　ブドウの生産が多いため、ワイン工場もたくさんあります。エレクトロニクス（電子技術）を中心とした先端工業の成長がめざましく、集積しています。かつて水晶の産地であったことから、宝石加工業も発達しています。

　リニアモーターカーの実験用線路があります。見学センターが併設され、走行試験の様子を見学することができます。

（3）信越・北陸地方

①新潟県

　日本列島の日本海側のほぼ中央部に位置し、南北にななめに細長いかたちをしています。冬には北西の季節風が吹く日本海側の気候で、山間部は豪雪地帯です。沖合にある佐渡島は、昔から金山として有名です。2004年に「新潟県中越地震」があり、多くの死傷者が出ました。

　お米の有数な産地（コシヒカリ）で、2023年の収穫量は全国１位でした。また、お米とおいしい水を活かした日本酒の生産も盛んです。県の花でもあるチューリップや、その球根の栽培も盛んです。

　日本では珍しく、石油と天然ガスを産出します。これらの地下資源を活かした化学工業が盛んです。また、燕市の金属洋食器などの金属加工業や小千谷市の小千谷ちぢみなど、伝統工業が有名です。水力発電所（阿賀野川）や柏崎刈羽原子力発電所があります。

　スキー場や温泉地がたくさんあり、多くの観光客が訪れます。

②富山県

　西部、南部、東部の三方を山に囲まれています。北部は富山湾に面しています。夏は比較的暑く、冬は日照時間が少ない日本海側の気候です。冬がそれほど寒さが厳しくないのは、対馬海流の影響を受けるためです。

　耕地面積の96％が水田で、米作りが中心です。米の裏作として始まったチューリップの球根栽培は、全国一です。ほたるいかなどの定置網による、沿岸漁業も盛んです。

　昔から越中富山の薬売りは有名でしたが、現在ではバイオテクノロジーを利用した製薬業に発展しています。工業用水や水力発電による電力に恵まれ、アルミサッシなどの製造が行われています。

　日本最大の黒部ダムは、観光地としても名高いところです。

③石川県

　北陸地方中央部に位置し、南北に細長いかたちをしています。北部の能登半島の東側は、入り組んだリアス式海岸になっています。暖流の対馬海流の影響で、雪は少ないですが、半島の西側は日本海からの強い風のため、冬は

厳しい寒さです。また、一年を通じて雨が多く降ります。米作りが盛んで、能登半島には、千枚田といわれる棚田が広がっています。さらに、昔から作られてきたさつまいもなどの伝統野菜を、加賀野菜として認定しています。海に多く面しているため、沿岸漁業が盛んです。

漆器などの伝統工芸（加賀友禅、九谷焼、金沢漆器、輪島塗）が有名です。また、世界規模をほこるブルドーザーなどの建設機械の工場があります。（小松市）

安土・桃山時代に前田利家が加賀藩主になり、江戸時代には加賀百万石といわれるほどの繁栄を誇りました。現在も当時の町並みや伝統工芸が多く残り、温泉などと共に観光資源に恵まれています。金沢市には、日本三名園のひとつである「兼六園」があります。

④ 福井県

本州のほぼ中央に位置し、かつては畿内と東北を結ぶ要地でした。現在では若狭湾沿岸は、計14基の原子力発電所が集中しており、関西圏への重要な電力供給県です。若狭湾は漁業も盛んで、ぶり、かれい、さばなどが獲れ、越前ガニは有名です。

道元が宗祖となる、曹洞宗大本山の永平寺があります。また、越前和紙や若狭塗等の伝統工芸品があります。合成繊維を中心とした総合産地としての繊維産業や眼鏡産業も盛んです。

⑤ 長野県

本州の中央部に位置する、海に面しない内陸県です。国内有数の農業県であり、また、精密機械工業も盛んです。リンゴ、ブドウの栽培が盛んで（全国２位）、高原野菜の栽培も盛んです。高地の気候を利用した、諏訪湖周辺での精密機械工業や電子工業は有名です。

年間約9000万人が訪れる観光県でもあります。日本三大美林のひとつ「木曽のひのき」があります。1998年に、長野冬季オリンピックが開催されました。

（4）東海地方

①岐阜県

　海に面していない内陸県で、面積の80％以上を森林が占める、豊かな自然に恵まれた土地です。第2次産業で働く人の割合が高く、繊維工業や陶磁器製造が盛んです。多治見市は陶磁器やタイルの生産、美濃市は美濃和紙で有名です。

　世界文化遺産に登録されている、合掌造りの集落「白川郷」があります。長良川では、「鵜飼い」という名物漁法があります。昔は網の目のように流れていた揖斐川、長良川、木曽川には、川に囲まれた土地、「輪中（わじゅう）」が多くあり、洪水の多発地帯でした。

②愛知県

　日本列島のほぼ中央に位置し、戦国時代末期に活躍した3人の武将、織田信長、豊臣秀吉、徳川家康が生まれた地でもあります。あたりには中京工業地域が広がり、工業製品出荷額は、2位以下を大きく引き離して日本一です。自動車産業の中心地である豊田市が、大きな要因です。2005年2月には、中部国際空港が開港しました。

　温暖な気候と消費地が近いという立地条件を活かして、古くから温室などを利用した施設園芸が盛んです。特に電照菊、温室メロンの栽培などは有名です。

　三河湾沿岸では、ウナギの養殖が有名です。瀬戸市は、陶磁器の生産が盛んです。

③静岡県

　標高差日本一を持つ県で、海岸に近い地域と北部の山岳地帯では、気候に大きな違いがみられます。東京、名古屋の大都市圏に通じ、オートバイや自動車、ピアノなどの工業が盛んです。農作物では、みかんやお茶が有名です。特に、牧ノ原を中心にお茶の栽培が盛んで、生産量、出荷量ともに全国一です。温室メロンやいちごの生産量も上位です。

　遠洋漁業の基地で有名な焼津港があり、まぐろ、かつおの水揚げが多く、また、浜名湖でのウナギの養殖も盛んです。

④三重県

　　紀伊半島の東側に位置し、県の東側は太平洋や伊勢湾に面した、南北に細長いかたちをしています。南部は日本有数の多雨地帯で、伊勢志摩国立公園の美しい景観があります。

　　真珠、のり、蠣などの海産物が豊富です。伊勢市には皇室の祖先を祀る伊勢神宮があり、その「お伊勢参り」は有名です。

　　また、四日市は日本初の石油化学コンビナートができたところです。鈴鹿サーキットは、自動車のフォーミュラ1やオートバイのレース場として有名です。高級牛肉として有名な松阪牛を生産しています。

（5）近畿地方

①滋賀県

　　周囲を山々に囲まれ、中央部に県の1／6を占める日本最大の湖「琵琶湖」があります。琵琶湖は近畿の水がめ（京阪神の水がめ）とも呼ばれ、あゆ、鯉、ふなが獲れます。特徴のあるふな鮨は有名です。

　　かつては近江国とよばれ、産業や文化が栄え、日本の歴史上重要な役割を果たしました。京都に近く、人の行き来が多かったため商業が栄え、近江商人と呼ばれる商人達が生まれ、日本全国で活躍しました。

　　信楽焼、彦根の仏壇など、地場産業が盛んです。米（近江米）の産地でもあります。

②京都府

　　794年に平安京に都がおかれて以来、1100年間も都として栄えました。多くの歴史的な建造物や行事が残されています。京都府を訪れる観光客は年間約8000万人で、国際観光都市となっています。金閣寺等の古都京都の文化財は、世界文化遺産に登録されています。

　　また、国宝美術工芸品、国宝建造物も多く、西陣織、京友禅、清水焼き等の伝統工芸品もたくさんあります。

　　日本三景である天橋立があり、宇治市のお茶は高級茶として有名です。さらに、5月の葵祭り、7月の祇園祭り、10月の時代祭りは、京都三大祭りと呼ばれています。西陣織などの伝統産業と、通信機器などの先端工業が共

存している地域です。

　1997年に世界の国々の代表が集まり、地球温暖化防止会議が開かれ、そこで採択された「京都議定書」は世界中から注目されました。

③大阪府

　江戸時代には「天下の台所」と呼ばれ、多様で新鮮な食材に恵まれ「食いだおれの町」としても親しまれてきました。また、上方文化として伝統芸能、伝統行事や祭りも多くあります。

　阪神工業地帯の一部や、堺・泉北臨海工業地域があり、全国でも高い工業生産額を誇っています。特に堺市から高石市にかけては、石油化学コンビナートがあり、各メーカーの工場が並んでいます。大阪府南部は木綿の産地で、繊維工業も盛んです。

　関西国際空港は、海上空港で24時間利用できる国際空港として開港しました。

　また、年間商品販売額は東京に次ぐ規模で、商業がとても盛んです。

④兵庫県

　古くから陸や海の交通の要所として栄え、なかでも神戸には古くから港がありました。現在でも神戸は横浜、東京と並ぶ貿易港です。また、世界一の吊り橋として、明石海峡大橋があります。明石市は子午線（東経135度）が通っており、日本の標準時として指定されています。姫路市には、世界文化遺産の姫路城があります。

　大阪府と共に、阪神工業地帯を形成しており、金属・化学工業が盛んです。
　また、日本酒生産量日本一を誇る灘地方があります。淡路島は、タマネギの生産が有名です。但馬牛といった畜産業もあります。

　1995年1月に起きた阪神・淡路大震災では、6400人を越す犠牲者が出ました。

⑤奈良県

　古代の日本の政治・文化の中心地で、2010年には、平城遷都1300年の記念行事が行われました。紀伊半島の中央に位置し、海に面さない内陸県です。北西部の盆地以外は、険しい山々がそびえています。

　世界文化遺産として、「法隆寺地域の仏教建造物」「古都奈良の文化財」

「紀伊山地の霊場と参詣道」が登録されています。「古都奈良の文化財」は、平城京跡、東大寺、興福寺、唐招提寺、春日大社、薬師寺、元興寺、春日山原始林の８つの資産で構成されています。

　世界遺産、国宝建造物、キトラ古墳や高松塚古墳などの特別史跡の数は、都道府県としては日本最多を誇ります。また、古事記、日本書紀、万葉集、平家物語など、奈良県が舞台として登場する作品も多く、日本の歴史上重要な地位を占めています。

　吉野の千本桜や三輪そうめんなども有名で、京都と並ぶ国際観光都市です。

⑥和歌山県

　面積の約８割が森林のため、古くより「木の国」と謳われました。備長炭の生産でも有名です。世界遺産として奈良県に続く「紀伊山地の霊場と参詣道」があり、熊野古道、高野山金剛峯寺、那智の滝などがあります。

　県北部は阪神工業地帯に属し、沿岸部には製鉄所や石油製油所などの重化学工業が盛んです。また、果樹栽培も多く、柿、桃、みかんなどが豊富です。紀州梅として名高いウメの栽培は、みかんとともに全国一の生産量を誇ります。本州最南端の潮岬があります。

（6）中国地方

①鳥取県

　西日本の日本海側に面した、人口が全国で最も少ない県です。豪雪地帯でもあります。

　大山や鳥取砂丘などの、自然観光資源に恵まれています。二十世紀なしや、鳥取砂丘で、らっきょうが栽培され、特産品となっています。

　漁業も盛んで、堺港は日本有数の漁港です。

②島根県

　鳥取県の西の日本海側に面し、沿岸部と内陸部では気温や気候が大きく異なります。内陸の冬は厳しく、豪雪地帯でもあります。

　旧石器時代の遺跡が多く、全国最多の銅鐸や銅剣が出土した加茂岩倉遺跡、荒神谷遺跡があります。

　大国主大神を祀った出雲大社があり、その造営は古事記や日本書紀に著わ

されています。

　隠岐や、近年韓国が領有権を主張する竹島も、島根県に属します。宍道湖や中海では、しじみが採れます。

③岡山県

　下津井瀬戸大橋により、四国香川県と直結しています。瀬戸内海に面し、大小約90の島を有します。南部沿岸部は温暖な瀬戸内海式気候、北部内陸部は日本海側気候で豪雪地帯、と大きく違います。

　ぶどう（マスカット）や桃などの高品質な果樹栽培、畳表で知られており、伝統工芸品の備前焼は有名です。

　日本三名園のひとつ「後楽園」があります。

④広島県

　岡山県の西側に位置し、瀬戸内海に面し、大小約140の島を有します。沿岸地域では重化学工業が盛んで、鉄鋼、自動車、造船が中心です。広島市は国際平和都市、呉・福山市は造船や製鉄の街で有名です。

　1945年8月6日、世界で初めて原子爆弾が投下され、中心となった原爆ドームは世界遺産に登録されています。

　また日本三景のひとつ「安芸の宮島」の厳島神社も、世界文化遺産に登録されています。

　カキの養殖は日本一です。

⑤山口県

　本州最西端に位置し、日本海側気候と瀬戸内海式気候の境界にあたり、二面性を持つ気候です。漁業で有名な下関市の特産品ふぐは、市場取扱量日本一です。

　瀬戸内海側では重化学工業が発達し、宇部市は近隣で石灰石が採れるためセメント工業が盛んです。伝統工芸品として、萩市の萩焼は有名です。

　明治維新以降、長州閥として木戸孝允はじめ伊藤博文ほか、明治の元勲を多く輩出しました。戦後も岸信介、佐藤栄作、安倍晋三など、多くの有力政治家を輩出しています。

（7）四国地方

①徳島県

　　四国の東北部に位置し、東は紀伊水道、南は太平洋に面しており、約80％が山地です。南部は年間降水量が3000〜3500mmと、日本でも有数の多雨地域です。例年、台風の影響を受けて大雨に見舞われます。

　　潮の干満によって生じる鳴門海峡の「うずしお」は有名です。また、大鳴門橋によって淡路島と結ばれています。

　　野菜や果樹栽培が盛んで、特産品のすだち（全国の生産量の95％を占める）をはじめ、レンコン、さつまいも（なると金時）は、全国でも有数の生産量を誇っています。

　　紀伊水道に面し、水運や工業用水に恵まれていることから、製紙工業や化学工業が、北部臨海部を中心に発達しています。

　　かつて粟が多く収穫されたことから、「粟国」、「阿波の国」と呼ばれました。ここを発祥とする「阿波踊り」は、全国的に有名です。

　　また、四国には88カ所の霊場があり、その一番札所霊仙寺が徳島県にあるため、毎年たくさんの人たちが巡礼に訪れます。

「大谷焼」は国の伝統工芸品の指定を受けています。

②香川県

　　四国の北東部に位置し、面積が日本で一番小さい県で、東西に長いかたちをしています。県内を流れる川は短く、雨が少ないため、水量が少ないのが特徴です。そのため、多くのため池があります。北側には瀬戸内海が広がっており、小豆島をはじめとした100あまりの島々を有します。本州岡山県と結ぶ下津井瀬戸大橋があり、四国の経済の中心地でもあります。

　　江戸時代は坂出市を中心に、全国でも有数の塩の生産地でした。小豆島では、マーガレットやオリーブが生産されています。また、讃岐うどんも有名で、うどん生産量は日本一です。京阪神の大都市に近いなどの地理的条件を活かして、野菜の栽培も盛んです。

　　丸亀市の「うちわづくり」など、有名な伝統工業があります。

③愛媛県

　四国の北西部に位置し、海岸線が宇和海に沿って複雑に入り組んだリアス式になっています。佐田岬半島は、日本で一番細長い半島です。

　柑橘類の生産が盛んで、いよかんの生産量は日本一です。はだか麦やキウイフルーツの生産も日本一です。昔から林業も盛んで、良質の杉や檜の木材を生産しています。宇和海沿岸では、ぶり・鯛・真珠の養殖が行われています。

　四国一の工業県で、新居浜市コンビナートは、瀬戸内工業地域の中でも指折りの生産額を誇っています。今治市は全国一のタオル生産地です。

　県庁所在地の松山市は、中四国地方で広島市、岡山市に次ぐ第3位、四国では第1位の人口を誇り、夏目漱石の「坊っちゃん」の舞台にもなっています。

　道後温泉ほか、山や海の豊かな自然を活かした観光業も盛んです。

④高知県

　四国の南部にあり、東西に長く、南は太平洋に面しています。山地が大変多く、森林面積割合が80％を越え日本一です。本流に大規模なダムがないことから、四万十川の清流は日本最後の清流と呼ばれています。毎年のように台風がやってくることから「台風銀座」とも呼ばれ、全国でも有数の降水量の多い地域です。2013年夏、四万十市は41.0度を記録し、日本観測史上最高気温をマークしました。

　温暖な気候を活かした施設園芸が盛んで、なすやショウガ、みょうがなどは全国一の生産量を誇っています。また、昔から遠洋漁業が盛んで、土佐清水市はカツオやマグロの水揚げで有名です。郷土料理の「かつおのたたき」があります。伝統工芸品として、土佐和紙があります。

　県下最大の祭り「よさこい祭り」は有名です。

（8）九州地方

①福岡県

　九州の北部に位置し、関門海峡をはさんで本州と向き合っています。気候は暖流の対馬海流を受けて、全体的に温暖です。九州全体の政治経済、文化

の中心で、県庁所在地の福岡市は、県の人口の半分近くが居住しています。古くより大陸との交流の窓口、アジアの拠点都市づくりや情報産業の育成に力を入れています。

　九州北部は日本で最初に稲作が始まった地域と言われ、早くから米作りが行われてきました。また、三方を海に囲まれているため、漁業も盛んです。有明海の「のり」の養殖は有名です。

　明治時代に官営「八幡製鉄所」が建設され、鉄鋼業がおこり北九州工業地帯に発展し、現在はICの関連工場や自動車工場が多くあります。

　学問の神様として有名な、太宰府天満宮があります。また、福岡市では博多人形、博多織、久留米市では久留米がすり、といった伝統工芸品が有名です。

②佐賀県

　九州の北西部に位置しており、福岡県、長崎県と隣接しています。　玄界灘と有明海に面しており、水産業が盛んです。　特に有明海の海苔は有名です。また米、麦中心の農業が盛んで、佐賀平野は有数の穀倉地帯です。

　古くより伊万里、有田、唐津は陶磁器の生産地として有名です。また、弥生時代（紀元前一世紀あたり）に栄えた吉野ヶ里遺跡があります。

③長崎県

　九州西端に位置し、五島列島、壱岐島、対馬も、長崎県に含まれ、他にも900を越える島を有します。

　江戸時代、平戸市、長崎市は、日本の外来文化の入り口でした。現在も観光地として、多くの観光客が訪れています。

　1945年8月9日、第2次世界大戦中、広島に次いで原子爆弾が投下されました。

　長崎市、佐世保市は造船業が盛んです。長崎漁港は東シナ海における漁船の基地です。大村湾では、真珠の養殖がおこなわれています。また、長崎市は坂が多く、「坂の町」としても知られています。

④熊本県

　九州地方の中央に位置し、福岡、大分、宮崎、鹿児島の名県と接し、有明海を隔てて長崎県とも面しています。

IC工場の進出で関連産業が急成長（シリコンアイランド）し、また、全国有数の農業県でもあります。稲といぐさの二毛作が行われています。いぐさは畳の原料として、生産量日本一です。トマトとスイカや葉たばこの生産量も日本一です。

　世界最大級のカルデラを持つ阿蘇山や天草、熊本城などがあり、観光にも力を入れ、ご当地「ゆるキャラブーム」による熊本県の「くまモン」も、大変な人気を博しています。

⑤大分県

　九州東部に位置する、温泉源泉数、湧出量ともに日本一の温泉郷です。別府温泉、湯布院温泉は、全国的にも有名です。別府温泉では、海地獄、血の池地獄、など４つの地獄が国の名勝として指定され、源泉を間近に見ることができるとして多くの観光客が訪れます。また温泉の高温蒸気を利用した伝統的調理法・地獄蒸し料理も有名です。

　しいたけやかぼすの栽培が盛んで、「どんこ」で有名な乾燥しいたけ、かぼすの生産は日本一です。

　九州では福岡に次ぐ工業県で、大分市には製鉄所と石油化学コンビナートがあります。電子工業や自動車産業なども盛んです。

　竹細工による伝統工芸品も有名です。

⑥宮崎県

　九州南東部に位置する温暖な気候を利用した、日本有数の農業県です。

　2007年に知事に就任した東国原英夫氏のメディア露出により、農畜産物、県の知名度が飛躍的に向上しました。乳牛・肉牛・豚・鶏のすべてにおいて日本有数の生産高を誇り、だいこん、きゅうり、ピーマン、乾燥しいたけ、葉たばこなどの農産物も、日本国内１位、２位を争うものが多くあります。

　旧石器時代約５万年ほど前から人が住み始めており、遺跡も発掘され、出土品も多くあります。「古事記」では、天照大神の孫、ニニギノミコトが降り立った国（竺紫の日向の高千穂）とされています。

　高千穂峡は国の名勝・天然記念物に指定され、また神話に所縁のあるパワースポットとしても知られ年間を通して県内外から多くの観光客が訪れます。

⑦鹿児島県

　九州南部に位置し、南側海上に種子島、屋久島、奄美群島など数多くの「薩南諸島」を有する南北約600kmに及ぶ県です。活火山の桜島など火山もあり、砂風呂など温泉地としても有名です。旧石器時代の遺跡も発見され、古代には「薩摩隼人」と呼ばれる人々の住地でした。1609年には琉球王国を服属させ、幕末の討幕運動では、薩摩藩が官軍の戦闘主力となり長州・土佐藩などと共に明治維新を成功させ、西郷隆盛はじめ多くの維新元勲を輩出するなど、日本史上の舞台に頻繁に登場します。

　農業県としては九州1位で、さつまいも、さやいんげん、お茶などは日本の主要産地となっています。特産品のさつまいもなどを利用した焼酎製造が、伝統的に盛んです。

　1543年ポルトガルから鉄砲が伝来した種子島には、JAXAの種子島宇宙センターがあり、縄文杉のある屋久島は世界自然遺産です。

⑧沖縄県

　日本列島の南西部に位置する49の有人多数の無人島から成る県です。中国・台湾が領有権を主張する尖閣諸島も、沖縄県に属します。

　かつては、明から「琉球」と呼ばれる王国でした。

　熱帯・亜熱帯性気候を活かした農産物が栽培され、マンゴー、アセロラ、パイナップル、サトウキビ、ゴーヤなどが多く収穫されます。

　主な産業としては、美しい海や人工海浜を観光資源とする観光業が挙げられ、加工業などの2次産業の比率が低い離島のため、電化製品・自動車などは輸送コストが高く、本土に比較し物価は低くありません。

　戦後27年間、米軍の統治下に置かれ1972年に本土に復帰しましたが、現在も在日米軍基地として、嘉手納基地、普天間基地などがあります。

日本の歴史の特色

1　原始

　気温が低かった約2万年前より以前の時代には、海面が今より低くなり、日本列島は大陸と陸続きになっていました。ナウマンゾウ・オオツノジカなどの大型動物や、それらを追った人々も大陸からやってきました。人々は、移動しながら狩りをし、木の実などを採集して、平地に簡単な住居をつくったり、岩かげや洞くつに住んだりしていました。

　1万3,000年前ごろから、気候が暖かくなり、大陸の氷がとけて海水が増え、大陸とのあいだは海でへだてられ、日本列島は今と同じような形になりました。大型動物はいなくなり、人々はイヌを使い、シカやイノシシなどのすばやい動物を弓矢でしとめるようになりました。また、魚や貝をとるようになり、森では木の実を大量に採集し、貯蔵するようになりました。人々は土器をつくり、食物を煮たり貯蔵したりする容器として使いはじめました。さらに、火を通すと、木の実やイモ類が食べられるようになり、殺菌もできたので、土器の発明は人々の生活を大きく向上させました。また、このころ、人々は定住するようになり、地面を掘り下げて床とし、屋根をかけた竪穴住居に住みました。住居の近くなどの、貝がらが捨てられ積もったあとを貝塚といい、ここからは、貝がら以外に木の実、けものや魚の骨、土器片、などが見つかり、生活のようすを知ることができます。さらに、貝塚は墓としても使われ、人の骨も見つかっています。

　また、稲作は、気候の温暖な西日本を中心に普及し、やがて、日本海沿いに東北地方まで広がり、本格的な農業の時代をむかえました。人々は、木のくわやすきで田を耕し、川にくいを打ちこんで水をせきとめ、用水路から田に水を引きました。稲が実ると石包丁でつみとり、高床倉庫に納めて貯蔵しました。

　稲作とともに、青銅器や鉄器も伝わりました。青銅器には銅鏡や銅剣・銅矛・銅鐸などがあり、鉄は、開墾や土木工事用のくわ、木をけずるおのなどの

刃先に主にもちいられ、農具や武器には、石器や木器もあわせて使われました。

（1）旧石器時代

　日本列島において確認されている人類の歴史は、約10万年ないし約3万年前までさかのぼります。約1万2千年前頃、最終氷期が終わり急激な温暖化が始まると、人々の文化や生活に大きな変化が生じ、南西諸島を除き、次の縄文時代へ移行していきました。

（2）縄文時代

　約1万2千年前頃からは縄文時代と呼ばれます。弓矢を用いた狩猟、貝塚（貝のゴミ捨て場）から推測できる漁、植物の採集をして暮らし、石器や骨で作られた道具などを使いました。栽培も行われ、後期には米作りも行われるようになりました。

（3）弥生時代

　紀元前8世紀頃から3世紀頃までは、弥生時代と呼ばれます。時代の名前は、この時期に使用された土器が弥生式と呼ばれることからきています。米作りを中心とするムラ社会が成立し、九州北部から日本全国へ急速に広まりました。当時多く作られた大きな墓は、大きなムラを治める首長の墓と見られ、身分差が生じ始めていたことの現れだと考えられています。

　当時の日本列島は、中国から倭・倭国と呼ばれました。大きなムラの中には中国王朝と通交するものもあり、中国から「国」と呼ばれました。紀元前後には100前後の国が、中国と貿易していたとされています。倭の奴国王は後漢へ外交官を派遣し、貿易成立の証として金印を与えられました。大型のムラは次第に政治的な結合を強めていき、倭国連合と呼びうる政治連合体を2世紀初頭頃に形成しました。しばらく倭国は政治的に安定していましたが、2世紀後半に倭国大乱と呼ばれる内乱が生じ、その後、邪馬台国の卑弥呼が倭国女王となりました。卑弥呼は魏との貿易により、倭国連合の安定を図りました。

（4）古墳時代

　3世紀中後期から7世紀頃までは、古墳時代と呼ばれます。

　3世紀半ばに畿内に出現した前方後円墳が急速に列島各地に広まっており、このことは、畿内・山陽・北部九州に並立していた地域政治集団が糾合して、大和王権を形成したことを表していると考えられています。ただし、これは初期国家と呼べる段階にはなく、王権の連合（連合王権）と見るのが適切とされています。

　5世紀後半から6世紀前半にかけて大和王権内部の政治混乱により、朝鮮半島への進出傾向は大きく後退しました。こうした内向的な時期を経て、大和王権による支配体制が徐々に強化されていきました。

【主な出来事】

大陸からの新しい風・・・仏教伝来

　538年（一説には552年）に百済の王から仏像と経典が朝廷に贈られ、仏教が正式に日本に伝来しました。仏教を受け入れるかどうかをめぐって物部氏らが反対するが、587年に蘇我馬子が物部氏を滅ぼし、仏教が広く浸透するきっかけとなりました。

Ⅲ. 日本の歴史の特色

2　古代

　大和王権が統一国家を形成しようとしていた6世紀には、倭王家の系譜を記す『帝紀』・倭国の神話を記す『旧辞』が、7世紀前半には厩戸皇子らによって『天皇記』が編纂されました。そうした歴史の伝統を継承して、律令統一国家が成立した8世紀前半には、『古事記』が、続いて、日本最初の正史である『日本書紀』が完成しました。『日本書紀』は中国の正史の影響を強く受けており、天皇支配の正統性を強く訴え、皇位継承の経緯に関する記述が主たる内容でした。もう一つ重要な点としては、中国・朝鮮に対する日本の独自性を主張していたことでした。この「天皇の正統性」「日本の独自性」の主張は、『日本書紀』を含むその後の「正式な日本史」の主要なテーマであり、以後、幕末期までその影響が及びました。

　歴史叙述はすべて漢文体によるものでしたが、平安後期になると、人間をあるがままに日本風に描くという国風文化の影響のもと、表現形式が柔軟かつ豊富な和文体による歴史物語・軍記物語・説話集が、多数記されるようになりました。

（1）飛鳥時代

　6世紀後半から8世紀初頭までは、ヤマト王権の本拠が飛鳥に置かれたことから飛鳥時代と呼ばれます。

　6世紀後半には大和王権の国内支配が安定し、王権内部の王位継承抗争が目立ちました。この時期には百済から仏教が伝来し、後の飛鳥文化・白鳳文化などの仏教文化へと発展していきました。6世紀末、400年ぶりに中国を統一した隋の登場は、東アジア諸国の政治権力の集中化をもたらし、倭国でも7世紀前半にかけて聖徳太子と蘇我氏により遣隋使派遣・冠位十二階制定・十七条憲法導入などの国政改革が行われました。しかし、豪族とよばれる貴族階級の抵

抗も根強く、中央集権確立の動きは伸び悩みました。

　7世紀半ばの大化の改新も権力集中化の動きの一つであり、一定の進展を見せています。しかし、権力集中化への最大の契機は、7世紀後半の百済復興戦争における敗北（白村江の戦い）であり、倭国内は国制整備で一致し、権力集中化が急速に進み始めました。さらに、壬申の乱に勝利した天武天皇は権力集中を徹底し、天皇の神格化を図りました。併せて、天皇支配を絶対化するために律令制の導入を進め、8世紀初頭の大宝律令制定という結果を生み出しました。日本という国号もまた、大宝律令制定の前後に定められています。

【主な出来事】

大陸の地質を政治に導入・・・大化の改新

　大化の改新（たいかのかいしん）は、飛鳥時代の646年に発布された改新の詔（かいしんのみことのり）に基づく政治的改革です。中大兄皇子（後の天智天皇）らが蘇我入鹿を暗殺し、蘇我氏本宗家を滅ぼした乙巳の変（いっしのへん）の後に行われたとされています（この暗殺事件を大化の改新と呼ぶこともあります）。

　天皇の宮を飛鳥から難波宮（現在の大阪市中央区）に移し、蘇我氏など飛鳥の豪族を中心とした政治から、天皇中心の政治への転換点となったといわれています。

（2）奈良時代

　8世紀初頭から末にかけては奈良時代と呼ばれ、奈良に都城（平城京）が置かれました。

　この時期は、律令国家体制の形成と確立が図られました。王が全てを支配し、民衆は王に従わなければならない、という律令制は、天皇とその官僚による一元的な支配を志向しており、民衆に対しては編戸制・班田制・租庸調制・軍団兵士制などの支配が行われました。8世紀前半には、律令制強化への動きが積極的に展開しており、三世一身法・墾田永年私財法などの農地拡大政策も、こうした律令制強化の一環だったと考えられています。しかし、8世紀後半に入ると、百姓階層の分化が始まり、百姓の逃亡が増加するなど、律令支配の転換を迫る状況が生じていきました。

　文化面では、『日本書紀』・『万葉集』・『風土記』などが編まれた他、遣唐使がもたらした大陸文化に影響を受けた天平文化が栄えました。仏教では鎮護国家思想が強まり、聖武天皇の発案で東大寺・国分寺が護国繁栄の名目で建立されました。

【主な出来事】

荘園の興りと国家仏教…聖武天皇の政治

　710年、藤原京から奈良の平城京に遷都され、都は賑わいを見せましたが、農村では重税のため逃げ出す農民が続出、一方、政府はさらなる税の増収をめざして開墾地の永久私有が進みました。聖武天皇は仏教の力で国家の安定を図ろうと考え、大仏造立など仏教興隆に力をいれました。

（3）平安時代

　8世紀末頃から12世紀末頃までは平安時代と呼ばれ、桓武天皇の築いた平安京画都とされました。

　平安前期には百姓階層の格差が一層進み、前代から引き続いた律令国家体制に限界が生じていました。そこで、政府は11世紀初頭ごろから地方分権的な国家体制改革を精力的に推進し、王朝国家体制と呼ばれる体制が成立しました。王朝国家では、大幅に統治権限を委譲された受領により、地方支配が展開されました。この地方分権化の流れのなか、軍事面においては武士階層が登場しました。また、中央政治においては11世紀に藤原氏が政権中枢を担う摂関政治が成立しました。

　12世紀に入ると王朝国家のあり方に変化が生じ、12世紀末から13世紀にかけて荘園（領地）が拡がり、荘園公領制と呼ばれる中世的な支配体制が確立しました。同時期には上皇（天皇の親）が君主として政治を行う院政が開始しており、この時期が古代から中世への転換期であるとされています。平安末期には保元・平治両乱を経て武士が政治に進出していき、その結果、平氏政権が登場しました。

　奈良時代から徐々に進んでいた文化の日本化が国風文化として結実し、ひらがな・かたかなの使用が開始され、『源氏物語』・『枕草子』に代表される物語文学などが花開きました。密教や末法思想が広く信じられ、神仏合体信仰が進

み、寺院が多く建てられました。

【主な出来事】

武家政権の成立・・・平将門の乱から壇ノ浦の戦いまで

　平安京で貴族が華やかな暮らしを楽しむ一方で、935年、平将門と936年、藤原純友が東国と西国でそれぞれ反乱をおこしますが、彼らと同じ地方武士が鎮圧しました。1159年の平治の乱で勝利した平清盛によって初の武家政権が成立しましたが、平氏は1185年に壇ノ浦（山口県）で源氏という対抗勢力により、滅亡しました。

Ⅲ．日本の歴史の特色

3　中世

　中世には仏教的な歴史意識が広まりましたが、それに対抗して神官の間では『日本書紀』神話の講読がさかんになり、神道の立場を中心として神話と歴史を結合させる思想が起こりました。また、中世のもう一つの歴史認識として年中行事などの儀礼を通じて歴史を考えるというものがあり、歴史を伝えるための日記や各種記録文書が多数作成されました。

（1）南北朝時代

　14世紀頃は南北朝時代と呼ばれ、政権の二大派閥である大覚寺統の南朝と持明院統の北朝に朝廷が分かれました。室町時代の初期に当たります。

　大覚寺統の後醍醐天皇は鎌倉幕府を滅ぼし、建武の新政と呼ばれる天皇専制の政治を行いましたが、武士の不満が増すと、足利尊氏はそれを背景に新政から離れ、持明院統を擁立して大覚寺統を南の吉野に追い、南北朝の争いが全国で行われました。

　文化面では、身分秩序を軽視し華美な振る舞いに走る傾向が見られました。また、連歌が流行し、二条河原落書など文化の庶民化への動きが見られました。

【主な出来事】

2人の天皇・・・南北朝の対立

　1333年、鎌倉幕府滅亡後、後醍醐天皇は京都で建武の新政を行いましたが、1336年に足利尊氏が反旗をひるがえしたことにより吉野に逃亡しました。これ以降、全国的な規模で吉野の南朝方と京都の北朝方とに分かれて対立する南北朝の動乱が、3代将軍足利義満の時代まで約60年続きました。

（2）鎌倉時代

　12世紀末頃から14世紀頃までは鎌倉時代と呼ばれ、中央の公家政権と関東の武家政権が並立しました。

　源頼朝を首長とする鎌倉幕府は平氏政権を打倒し、その後の過程で守護・地頭補任権を獲得し、朝廷（公家政権）と並びうる政権へと成長しました。源氏の将軍は三代で断絶し、有力な補佐官であった北条氏が幕府政治を実質的にリードする執権政治が確立しました。また、承久の乱の結果、公家政権は武家政権に寄生する存在となりました。

　13世紀中期頃から、貨幣経済の浸透と商品流通の活発化、村落の形成、武士による荘園公領への侵出など、大きな社会変動が生じ始めました。この動きは13世紀後半の元寇によって加速し、幕府の対応策は徳政令（モラトリアム）発布という形で現れました。また、在地社会では悪党・惣村などが出現し、荘園公領制の体制が急速に崩壊していきました。

　文化面では運慶と快慶の金剛力士像など、写実的な美術が展開しました。また、宗教面では鎌倉新仏教の成立により、民衆へ仏教が普及していきました。

【主な出来事】

　<u>元寇おこる・・・文永の役・弘安の役</u>

　鎌倉幕府を開いた源頼朝の血筋は3代で絶え、北条氏が実権を握りました。8代執権北条時宗が、元のフビライの服従要求を拒否したため、1274年、元軍が博多に奇襲をしかけましたが、嵐にあい退却（文永の役）。1281年、再度大軍で襲来しますが、暴風雨にあい敗退（弘安の役）。御家人の生活が窮乏し幕府への不満がつのる原因となりました。

（3）室町時代

　14世紀頃から16世紀頃までは室町時代と呼ばれ、京都の室町に幕府が置かれました。

　足利尊氏が南朝に対して北朝を擁立し、室町幕府を開きました。京都に本拠を置いた幕府は、朝廷の権能を吸収する戦略を採ったため、朝廷（公家政権）は政治実権を失っていきました。各国に置かれた守護も大名へと成長して、守

護領国制と呼ばれる支配体制を築いていきました。

　3代将軍足利義満は南北朝合一を遂げ、また、日明貿易を行い明皇帝から日本国王と認められるようになりました。義満は守護大名の勢力抑制に努めましたが、守護大名の拡大指向は根強く、幕府対守護の戦乱が多数発生しました。幕府-守護体制は15世紀半ばまで続きましたが、応仁の乱等各地の相次ぐ戦乱によりついに崩壊し、戦国時代へと移行しました。

　この時代には村落社会の自立化が進み、惣村・郷村が各地に成立しました。西日本では交易が活発化し、その活動は朝鮮・中国に及びました（倭寇）。文化面では、連歌・猿楽・喫茶など身分を超えた交流に特徴付けられる室町文化が栄えました。この文化は禅宗の影響を受け、簡素さと深みという特徴も持っていました。

【主な出来事】

荒廃した都···応仁の乱と戦国の騒乱

　8代将軍足利義政の次の将軍には弟の義視が就く予定でしたが、義政の妻日野富子は自分の子義尚を将軍にしようとして山名持豊に応援を依頼、もともとあった山名と細川の対立に将軍家の家督争いが加わり、多くの守護大名が東西両軍に分かれて闘う応仁の乱が1467年からはじまりました。主戦場となった京都はすっかり荒廃し、将軍の権威も失墜、戦国時代の幕開けとなりました。

新たな武器・宗教···鉄砲とキリスト教の伝来

　1543年、ポルトガル人を乗せた船が九州の種子島に漂着、日本に来た最初のヨーロッパ人である彼らが持ちこんだ鉄砲は、戦国大名の間で新鋭の武器として急速に普及しました。1549年には、イエズス会の宣教師ザビエルが鹿児島に到着し、キリスト教を伝えました。その後、洗礼を受けるキリシタン大名も現れ、彼らによって1582年に少年使節団がローマ教皇のもとに派遣されました。

（4）戦国時代

　15世紀後期から16世紀後期にかけての時期を戦国時代と呼びます。

　この時代は、守護大名などから身分を上げた戦国大名が登場し、それら戦国大名勢力は中世的な支配体系を徐々に崩し、自分の国の法律を定めるなど各地

で自立化を強め、日本各地に地域国家が多数乱立しました。この地域国家内における一元的な支配体制を、大名領国制といいます。地域国家間の政治的・経済的矛盾は、武力によって解決が図られるようになりました。

　そうした流れの中で16世紀半ばに登場した織田信長は、兵農分離などにより自領の武力を強力に組織化して、急速に支配地域を拡大していきました。

　この時代は、農業生産力が向上するとともに、地域国家内の流通が発達し、各地に都市が急速に形成されていきました。また、ヨーロッパとの交易（南蛮貿易）が開始し、火縄銃やキリスト教などが伝来し、日本社会に大きな影響を与えました。

Ⅲ．日本の歴史の特色

4　近世

　近世（江戸時代）に入ると、徳川将軍家や大名家は権力を正当化するため、儒教思想を積極的に採用し、歴史の編纂を通じて自らの正当性を主張しました。この動きは実証的な歴史研究、すなわち18世紀の荻生徂徠や伊藤東涯らによる政治制度史研究へとつながっていき、あわせて国学へも大きな影響を与えました。一方、江戸後期には幕藩体制の矛盾と対外緊張の高まりの中、庶民の間でも歴史への関心が広がり、民衆でも読むことのできる歴史書が多く出版されました。

（1）安土桃山時代

　織田信長は将軍足利義昭を追放し、室町幕府に代わる政権を近畿に樹立しました。しかし、信長が本能寺の変により滅ぼされると、天下統一事業は豊臣秀吉が継承することとなりました。

　秀吉は、信長の築いた政権を母体として東北から九州に至る地域を平定し、天下統一を完成しました。秀吉もまた中世的支配体系・支配勢力の排除・抑制に努め、太閤検地の実施を通して荘園公領制・職の体系を消滅させ、これにより中世は終焉を迎えました。秀吉は朝鮮への出兵を実行して失敗し、後継者問題も抱えていた豊臣政権は弱体化していきました。

　秀吉による天下統一が成り、政治や経済の安定がもたらされると、大名と武士を中心として豪壮な桃山文化が展開しました。

【主な出来事】

秀吉の天下統一・・・太閤検地と刀狩

　尾張の戦国大名織田信長は室町幕府を滅ぼしましたが、1582年の本能寺の変で家臣の明智光秀に倒されました。その11日後の山崎の合戦で光秀を討ち、信長の後継者となったのが豊臣秀吉です。全国統一を進めながら検地を実施

し、農民から石高に応じて年貢を徴収し、また、一揆の防止と兵農分離を目的に武器も没収する政策を採りました。

天下分け目の合戦…関が原の戦い

朝鮮出兵の最中に秀吉が死ぬと、石田光成と徳川家康の対立が表面化し、1600年に両者は関ヶ原（岐阜県）で激突、天下分け目といわれた戦いに勝利した家康は、1603年に江戸に幕府を開き、1614～15年の大坂の陣で秀吉の子秀頼を倒して豊臣氏を滅ぼしました。

（2）江戸時代

1603年（慶長8年）から1867年（慶応3年）までは江戸時代と呼ばれ、江戸に江戸幕府が置かれました。

豊臣秀吉が死去すると、徳川家康は関ヶ原の戦いに勝利して征夷大将軍に任じられ、大坂の役で豊臣氏を滅ぼしました。幕府は禁中並公家諸法度や武家諸法度で朝廷や大名を統制し、諸大名は参勤交代で江戸と領国の往復を課せられました。幕府はキリスト教の信仰を禁止し、島原・天草一揆を抑えて鎖国を完成させました。

政治が安定すると経済が発展して、徳川綱吉の時代には好景気に沸き、商人や町人が力を伸ばし元禄文化が栄えました。

中期には幕府の財政が悪化し、徳川吉宗は享保の改革を行って一時財政は立ち直りましたが、その後の寛政の改革、天保の改革などを経ても、根本的な解決にはなりませんでした。貨幣商品経済の発展にともない、化政文化などの町人文化が栄える一方で、旧来の米の年貢収入を基盤とする大名や旗本は窮乏化しました。大名は藩政改革を行い、長州藩や薩摩藩はこれに成功して後に有力な勢力となりました。

末期は特に幕末と呼ばれ、欧米諸国から開国を迫られ、ペリーが来航して日米和親条約などの不平等条約が結ばれ、鎖国は崩れました。開国にともない尊皇攘夷の考えが強まり、半ば内乱状態になり幕府の権威は弱体化して、遂に徳川慶喜は大政奉還を行い朝廷に政権を還しました。

江戸時代は、元禄文化や化政文化などの町人文化が栄えました。寺子屋や藩校で広く教育が行われ、歌舞伎が演じられ、俳諧が詠まれ、浮世絵が描かれ、

お陰参りなど旅行が行われました。

【主な出来事】

領主の制圧への反乱・・・島原の乱と鎖国体制の完成

　1637年、キリスト教信者が多くいた天草・島原地方（長崎県）で、領主の圧制に苦しんだ農民が一揆をおこし、少年益田四郎時貞（天草四郎）を首領にして原城跡に立てこもりました。3万人余りの一揆勢に対し、幕府は約12万の兵力を動員し、半年後の翌38年にようやく鎮圧、キリスト教の禁教をはかる幕府は、1639年にポルトガル船の来航を禁止し鎖国体制が完成しました。

黒船がやってきた・・・ペリー浦賀に来航

　1835年、アメリカのペリーが率いる4隻の軍艦が浦賀沖（神奈川県）に来航し、大統領の国書を提出し開国を強く要求、人々はこの軍艦を「黒船」といって恐れました。翌54年、7隻の軍艦を率いて再度来航、幕府はその威力に屈して日米和親条約を締結しました。その後、諸外国とも同様の条約を結び、200年以上続いた鎖国政策は終了。1858年には日米修好通商条約も締結し、翌59年から貿易が開始されました。

江戸幕府倒れる・・・薩長同盟から大政奉還・戊辰戦争

　薩長同盟後、15代将軍となった徳川慶喜は、討幕運動の高まりや一揆・打ちこわしの増大をみて、1867年に政治の実権を朝廷に返上しましたが、薩長を中心とする倒幕派は朝廷を動かし、王政復古の大号令を発して天皇を中心とする新政府を樹立、260年以上にわたる江戸幕府の支配に終止符が打たれました。しかし、新政府軍と旧幕府軍の激しい戦いが、1868年から翌69年まで続きました。

5　近代

　幕末から明治維新にかけて、文明史など西欧の近代歴史学が一気に流入しましたが、特に、進歩史観・進化史観が日本で急速に広まりました。これは、従来の日本にない新しい歴史観であり、歴史の中に普遍的な法則性を見出そうとする歴史観でした。この影響のもとで書かれた福沢諭吉『文明論之概略』などにおいては、日本史と西欧史の共通点を強調する方向へ進み、脱亜論と結びついていきました。

　一方、明治政府の立場からは、天皇を中心とする国民国家を建設するため、国家主義的な歴史叙述が構築されていきました。これは、前代の国学や尊王思想を背景とするもので、根底には『日本書紀』以来続いてきた日本の歴史の独自性を強調する考えが流れていました。

　明治末期には、マルクス主義による唯物史観が紹介されるなど、社会経済史・文化史・思想史など幅広い分野に関心が拡がりました。

　第二次世界大戦後は、日本の歴史の独自性を主張する立場は大きく後退し、歴史に普遍性を見出そうとする社会科学的な立場が主流となりました。

　他方で、戦後は歴史の大衆化が進み、海音寺潮五郎や司馬遼太郎など歴史小説の流行、または、邪馬台国論争の隆盛のように歴史ブームというべき現象も起きており、学術的信頼性のない説（九州王朝説など）も一定の広がりを見せています。

（1）明治時代

　明治年間（1868年 - 1912年）は明治時代と呼ばれます。

　朝廷と朝廷を擁護する藩は、王政復古の大号令や戊辰戦争などを経て江戸幕府勢力を退けると、新たな政府（明治新政府）を樹立しました。新政府は欧米の諸制度を積極的に導入し、廃藩置県など明治維新と呼ばれる様々な改革を行いました。また、同時に欧米の文化・文物が導入され、その有様は文明開化と

呼ばれました。新政府は帝国議会の設置や大日本帝国憲法の制定など国制整備に努める一方で、産業育成と軍事力強化（富国強兵）を国策として推し進め、近代国家の建設は急速に進展しました。日本は、日清戦争と日露戦争に勝利を収めた後、列強の一角を占めるようになり、国際的地位を確保していく中で韓国併合を行いました。

　文化面では欧米から新たな学問・芸術が伝来し、それまでの日本に存在しなかった個人主義に基づく小説という文学が登場するなど、江戸時代以前とは大きく異なった文化が展開しました。宗教面では従来の神仏混交が改められ（神仏分離）、仏教弾圧（廃仏毀釈）などの動きも見られました。

【主な出来事】

アジア初の立憲国家・・・自由民権運動と大日本帝国憲法の制定

　国会の開設を求め、板垣退助らは1874年に民選議院設立の建白書を提出し、自由民権運動が始まりました。さまざまな弾圧にもかかわらず国会の開設が約束されると、政府部内で伊藤博文らを中心に憲法制定の作業が開始され、1889年に天皇と行政府に強い権限を与えた大日本帝国憲法を配布し、翌90年に第１回帝国議会が召集されました。

日本の勢力拡大・・・日清戦争と日露戦争

　1894年、朝鮮の支配権をめぐって日清戦争がはじまりましたが、軍事力にまさる日本が勝利し、翌年の下関条約で多額の賠償金を受け取ることとなりました。この勝機を逃すまいと、1904年には満州（中国北部）をめぐって日露戦争がはじまりましたが、アメリカ大統領の斡旋によって翌05年ポーツマス条約が結ばれ、長期の戦いを回避することができました。以後、日本は朝鮮半島を植民地支配し、満州へ本格的に進出することとなります。

（2）大正時代

　大正年間（1912年 - 1926年）は大正時代と呼ばれます。

　日本は第一次世界大戦に参戦して勝利し、列強の一つに数えられるようになりました。米騒動を契機とする大正デモクラシーと呼ばれる政治運動により、普通選挙が実施され政党政治が成立しました。日本は大戦特需による未曾有の好景気に沸きましたが、大戦が終わるとその反動による深刻な不景気に苦し

み、そこに関東大震災が追い討ちをかける結果となりました。

【主な出来事】
大正デモクラシー・・・米騒動と政党内閣の誕生

　1914年から始まった第1次世界大戦は、日本に大戦景気をもたらし、不況と財政危機を一挙に吹き飛ばしました。空前の好況で「成金」が生まれる一方、多数の民衆は物価の高騰で苦しめられました。1918年、シベリア出兵を見込んだ米の買い占めが横行し米価が高騰すると、米の値下げを求めて全国的な米騒動が発生、内閣総辞職後、初の本格的政党内閣が成立しました。

（3）昭和時代

　昭和年間（1926年 - 1989年）は昭和時代と呼ばれます。

　大正期から続いた不景気から回復できないまま、世界恐慌が直撃し、社会不安が増大します。政党政治に代って軍部が力を持ち、満州を占領して満州国を樹立し、やがて、中国との泥沼の日中戦争に発展します。アメリカやイギリスの反発を招いて国際連盟を脱退、日本は国際的に孤立してドイツ、イタリアのファシスト政権と三国同盟を結び、第二次世界大戦（太平洋戦争・大東亜戦争）に突入しました。

　日本軍はアメリカ軍の綿密で合理的な戦略に圧倒され、原爆を投下されて太平洋戦争に敗れました。戦後はGHQの占領の下で、日本国憲法が制定され、天皇は象徴とされ、国民主権や平和主義などが定められました。サンフランシスコ平和条約により主権を回復し、日米安全保障条約が結ばれ、冷戦下の西側陣営となりました。政治的には、自民党と社会党の保革55年体制が続きます。経済的には高度経済成長を遂げ、経済大国と呼ばれるに至り、昭和の末期にはバブル景気と呼ばれる好景気に沸きました。

【主な出来事】
軍部の台頭・・・満州事変と5・15事件

　1931年、満州に駐留していた関東軍は、奉天郊外の柳条湖での南満州鉄道爆破事件を機に軍事行動を開始し、翌32年に満州国を建国、同年の5月15日、海軍青年将校らが満州国建国に反対する犬養毅首相が暗殺され、1936年には二・二六事件がおこり、軍部の政治的発言力がいっそう強まる結果となりまし

た。

大日本帝国崩壊への道…日中戦争から太平洋戦争まで

　1937年の盧溝橋事件を機に始まった日中戦争が長期化すると、日米関係が次第に悪化、1939年にはじまった第2次世界大戦でドイツが優勢な状況を示すと、翌1940年に日独伊三国同盟を締結します。1941年、米、英に対し宣戦を布告し、太平洋戦争が始まりましたが、1942年後半から戦局は不利となります。1944年からは本土空襲がはじまり、1945年8月6日に広島、3日後には長崎に原子爆弾が投下され、8月15日に終戦をむかえました。その後、ポツダム宣言を受諾し無条件降伏しました。

戦後の占領政治…日本国憲法制定・冷戦の開始と講和

　マッカーサー司令官率いる連合国軍総司令部（GHQ）による占領政策のもとで作成された日本国憲法は、主権在民・平和主義・基本的人権の尊重を3大原則とし、1946年11月3日公布、翌1947年5月3日から施行されました。1950年、東西冷戦のなかで朝鮮戦争がはじまると、日本の西側陣営への編入が急がれ、翌1951年のサンフランシスコ平和条約の調印で独立を回復するとともに、日米安全保障条約も締結され、独立後も米軍の日本駐留が続いています。

（4）平成・令和時代

　昭和末期から続いたバブル景気が崩壊し、長い不景気に苦しみ、経済面での構造改革が進められました。その効果もあって、2002年ごろから景気が回復し始め、2006年にはいざなぎ景気を超える長期間の景気拡大を達成しました。政治面では冷戦が終結した結果、自民党と社会党との55年体制が消滅して保守化傾向が進展しました。そのため、長年タブーだった自衛隊の海外派遣が行われ、憲法改正や教育基本法改正が論議されるようになりました。

　2008年にはアメリカ住宅市場の悪化によるサブプライム住宅ローン危機がきっかけとなり投資銀行のリーマン・ブラザーズが経営破綻し、連鎖的に世界金融危機が発生し、日本でも大きな影響を受けました。2011年には東日本大震災が発生し、日本では景気が低迷しました。その後、アベノミクスと呼ばれる経済政策もありましたが、実質賃金が長く上がらない状況が続きました。

令和時代に入り、2020年からは新型コロナ感染症蔓延によりその後の数年間、国民生活は大きな影響を受けましたが、2023年からの5類指定移行により、次第に経済は回復しています。

注）元号とは

　元号とは日本特有の年の数え方です。天皇の退位等により皇位の継承があった場合に政令によって改められます。

　日本で元号が使われるようになったのは、7世紀中頃、遣唐使が中国の暦の制度を持ち帰ってきたもの。645年「大化（たいか）」から始まり、現在の「令和（れいわ」まで248の元号が存在します。元号にはそれぞれ由来があり、現元号「令和（れいわ）」は万葉集の文言から引用したもので、「人々が美しく心を寄せ合う中で、文化が生まれ育つ」という意味が込められております。

資料：日本の主な歴史年表

<古　代>

弥生時代	
57年	倭国王、後漢に遣使
107年	倭国王、後漢に遣使
180年頃	倭国大乱、邪馬台国
239年	邪馬台国の女王卑弥呼、魏に遣使

古墳時代・飛鳥時代	
350年	大和王権の統一
413年	しばしば中国に遣使（倭の五王）
538年	（日本書紀では552年）：百済の聖王、仏像及び経綸を献ず（儒教伝来、仏教公伝）
	この頃、渡来人（帰化人）の来航
593-622年	聖徳太子の摂政
603年	冠位十二階を制定
604年	憲法十七条を制定
607年	小野妹子を隋に遣わす、遣隋使の初め
607年	法隆寺の創建
630年	犬上御田鍬を唐に遣わす、第一回遣唐使
645年	中大兄皇子と中臣鎌足によって、蘇我氏が滅亡（乙巳の変）。大化の改新始まる
672年	壬申の乱。飛鳥京に遷都
694年	藤原京に遷都
701年	大宝律令の成立
708年	銀銭及び銅銭を鋳造（和同開珎）

奈良時代	
710年	平城京に遷都
712年	『古事記』の成立
720年	『日本書紀』の成立
723年	三世一身の法の制度
741年	諸国に国分寺・国分尼寺を建立
743年	墾田永年私財法の制度
752年	東大寺大仏の開眼供養
754年	唐僧鑑真、来朝して律宗を伝達
759年	『万葉集』の成立（～780年）
765年	道鏡、太政大臣禅師に就任
784年	長岡京に遷都

平安時代	
794年	平安京に遷都
801年	坂上田村麻呂、蝦夷を平定
894年	遣唐使を廃止
901年	昌泰の変（菅原道真、大宰権帥に左遷される）
905年	『古今和歌集』の成立

939年	平将門の乱
1000年	清少納言の『枕草子』、紫式部の『源氏物語』が成立
1017年	藤原道長、太政大臣に就任
1086年	白河上皇、院政を開始
1159年	平治の乱
1167年	平清盛、太政大臣に就任
1180年	治承・寿永の乱（源平合戦）
	以仁王、平家追討の令旨を発し、源頼政らとともに挙兵（以仁王の挙兵）
	源頼朝が伊豆国で挙兵する（石橋山の戦い）、富士川の戦い
1181年	墨俣川の戦い
1183年	倶利伽羅峠の戦い、水島の戦い
1184年	宇治川の戦い、源義経ら摂津国福原で平家軍に大勝（一ノ谷の戦い）
1185年	屋島の戦い、壇ノ浦の戦い（平氏滅亡）
1189年	奥州合戦、阿津賀志山の戦い

＜中　世＞

鎌倉時代	
1192年	頼朝、征夷大将軍に任ぜられ、鎌倉に幕府を開府（鎌倉幕府）
1212年	鴨長明の『方丈記』が成立
1220年	慈円の『愚管抄』が成立
1221年	承久の乱
1232年	御成敗式目（貞永式目）を制定
1268年	北条時宗が執権に就く
1274・81年	元寇（蒙古襲来）、文永の役（1274）・弘安の役（1281）
1331年	吉田兼好（卜部兼好）の『徒然草』が成立
1331年	後醍醐天皇、山城国笠置山で挙兵
1331年	光厳天皇が即位（北朝の初め）
室町時代	
建武の新政	
1334年	建武の新政、後醍醐天皇による親政
1336年	湊川の戦いで、楠木正成が戦死
南北朝時代	
南朝	
1336年	後醍醐天皇、吉野へ還幸（南朝の初め）
北朝	
1336年	足利尊氏、建武式目を制定し、政権の骨格を提示
1338年	足利尊氏、征夷大将軍に補任され、京都に開府（室町幕府）
1378年	足利義満、京都室町通今出川付近に新弟（花の御所）を造営開始
1392年	南北朝合一（明徳の和約）
室町時代	
1394年	足利義満、太政大臣に就任
1401年	日明貿易（勘合貿易）の開始（1549年（天文18年）まで）
1419年	応永の外寇
戦国時代	

1467年	応仁の乱（戦国時代開始）
1486年	雪舟、『山水長巻』を完成
1488年	加賀一向一揆
1489年	足利義政、銀閣を完成（慈照寺の創建は、翌1490年（延徳２年））
1543年	ポルトガル人、大隅国種子島に漂着し、鉄砲を伝達
1549年	フランシスコ・ザビエル、薩摩国鹿児島に上陸し、キリスト教を伝達
1550年	南蛮貿易開始
1553年	川中島の戦い
1560年	桶狭間の戦い
1568年	織田信長、足利義昭を奉じて入京
1570年	姉川の戦い
1573年	織田信長、足利義昭を追放して、室町幕府滅亡

安土・桃山時代

1575年	長篠の戦い
1576年	安土城の築城開始
1582年	本能寺の変、天正遣欧使節が渡欧、太閤検地
1584年	小牧・長久手の戦い
1585年	羽柴秀吉（豊臣秀吉）、関白となる（翌年、太政大臣となり、豊臣の姓を賜う）
1587年	豊臣秀吉が、バテレン追放令を定め、カトリック教会の宣教師を追放
1588年	豊臣秀吉が、刀狩令を制定
1590年	小田原の役（豊臣秀吉の全国統一）
1591年	豊臣秀吉、千利休に切腹を命令
	豊臣秀吉が、身分統制令を定め、士農工商の身分体系を確定
1592年	人掃令を定め、全国の戸口調査を実施
1592年	朝鮮出兵、文禄の役
1596年	サン＝フェリペ号事件
1997年	朝鮮出兵、慶長の役
1598年	豊臣秀吉、伏見城（後の桃山）で死去
1600年	関ヶ原の戦い

＜近世＞

江戸時代

初　期

1603年	徳川家康、征夷大将軍となり、江戸に開府
1614年	大坂冬の陣
1615年	大坂夏の陣、豊臣氏滅亡
1615年	武家諸法度（元和令）、禁中並公家諸法度を制定
1616年	欧船の来航を平戸・長崎に制限
1623年	徳川家光、伏見城で征夷大将軍の宣下を受け３代将軍に就任
1633年	奉書船以外の海外渡航を禁じ、海外渡航者の帰国を制限
1635年	参勤交代制を確立
1637年	島原の乱
1639年	ポルトガル人の来航を禁止
1641年	オランダ人を長崎出島に移動（鎖国の完成）

1643年	田畑永代売買禁止令を制定
1649年	慶安御触書を発令
1651年	由井正雪の乱（慶安事件）
1657年	明暦の大火
1660年	伊達騒動
1663年	武家諸法度の改定（寛文令：殉死を禁じる）
1665年	大名の人質の廃止
1666年	オランダ風説書（現存する邦文最古のもの）の初め

中　期

1682年	井原西鶴、『好色一代男』を発表
1684年	渋川春海、貞享暦を作成
1687年	生類憐れみの令を制定
1697年	宮崎安貞、『農業全書』を刊行
1701年	元禄赤穂事件
1703年	近松門左衛門の『曾根崎心中』、人形浄瑠璃により初演
1707年	富士山噴火（宝永山誕生）

正徳の治：儒学者の新井白石が進めた文治政治

1709年	間部詮房・新井白石を登用
1712年	勘定吟味役を再び設置
1715年	海舶互市新例を制定

享保の改革：徳川吉宗により主導された幕政改革

1716年	徳川吉宗、征夷大将軍に就任
1717年	大岡忠相を町奉行（江戸南町奉行）に登用
1721年	目安箱を設置
1722年	上米の制を制定
1723年	足高の制を制定
1742年	公事方御定書（御定書百箇条）を制定

田沼時代：老中・田沼意次が幕政に関与

1767年	田沼意次、側用人に就任
1772年	田沼意次、老中に就任
1782年	下総国印旛沼を開墾（1786年（天明6年）に中止）
1784年	蝦夷地開拓を企図し、調査を命令
1785年	下総国手賀沼を開墾（翌年完成、洪水にて流失）
1786年	田沼意次、罷免（翌年、減封され、相良城を没収される）
1783年	浅間山噴火、天明の大飢饉

寛政の改革：松平定信に主導により行われた幕政改革

1787年	松平定信、老中筆頭となり、倹約令を発表
1789年	棄捐令を制定
1790年	寛政異学の禁
1791年	江戸に町会所を建て、七分積金制を創設
1792年	林子平の『海国兵談』（前年に出版）による筆禍事件

尊号一件：尊号事件（1989～）

1788年	京都天明の大火、皇居炎上

1789年	光格天皇が実父典仁親王に太上天皇の尊号を贈ろうとするも、幕府に拒絶
1791年	一条輝良、新たに関白となり、再度幕府に要求
1793年	議奏・中山愛親ら、関東へ下向して幕府の審問を受け、免職
1788年	京都天明の大火、皇居炎上
1797年	昌平坂学問所（聖堂）を官学校とする
1798年	本居宣長、『古事記伝』を完成
1800年	伊能忠敬、蝦夷地を測量

後　期

1804年	ロシア使節ニコライ・レザノフ、長崎に来航し通商を要求
1807年	箱館奉行を廃止し、松前奉行を設置
1808年	江戸湾（東京湾）沿岸の砲台修築を起工
1808年	間宮林蔵、樺太を探検し間宮海峡（タタール海峡）を発見
1808年	フェートン号事件（イギリス軍艦が長崎に来航して補給を強要）
1811年	ロシアの軍艦艦長ヴァーシリー・ゴローニン、国後島で捕縛（ゴローニン事件）
1825年	異国船打払令
1828年	シーボルト事件（ドイツ人医師シーボルトに諜報嫌疑、関係者が処罰される）
1833年	天保の大飢饉（～1836年）
1834年	水野忠邦、老中に就任
1837年	大塩平八郎の乱
1837年	モリソン号事件（漂民を伴い相模国浦賀に入港するも打払令により撃退される）
1839年	蛮社の獄
1841年	天保の改革（～1843年）
1842年	天保薪水給与令
1844年	オランダ国王ヴィレム2世、親書を送り開国を勧告
1846年	アメリカ使節ジェームズ・ビッドル、相模国浦賀に来航し通商を要求

末期（幕末）

1853年	マシュー・ペリー艦隊、プチャーチン艦隊来航
1854年	日米和親条約、日露和親条約調印、安政東海地震、安政南海地震。11月改元
1855年	安政江戸地震（安政の大地震）
1858年	日米修好通商条約調印
1858年	安政の大獄（～1859年）
1860年	桜田門外の変
1862年	坂下門外の変、寺田屋事件、生麦事件
1863年	薩英戦争
1864年	池田屋事件・禁門の変、四国連合艦隊下関砲撃事件、幕長戦争（長州征伐）
1866年	薩長同盟（薩長連合）
1867年	大政奉還・王政復古
1868年	戊辰戦争

＜近　代＞

明　治

明治維新

1869年	東京奠都、五稜郭の戦い、版籍奉還

1871年	廃藩置県、岩倉使節団派遣、日清修好条規調印、
1872年	学制公布、太陽暦採用、国立銀行条例
1873年	徴兵令、地租改正、征韓論問題（明治6年政変）
1874年	民選議院設立建白書、佐賀の乱、台湾出兵
1875年	大阪会議、樺太千島交換条約、江華島事件
1876年	秩禄処分神風連の乱、、萩の乱、秋月の乱
1877年	西南戦争
1884年	群馬事件、加波山事件、秩父事件、甲申政変
1885年	大阪事件、内閣制度発足
1886年	ノルマントン号事件、大同団結運動
1887年	保安条例
1889年	大日本帝国憲法
1891年	大津事件、足尾銅山鉱毒事件
1894年	日清戦争
1895年	下関条約、八幡製鉄所
1900年	治安警察法
1902年	日英同盟
1904年	日露戦争
1905年	ポーツマス条約、日比谷焼打事件、日韓協約
1907年	ハーグ密使事件
1910年	大逆事件（幸徳秋水事件ほか）、韓国併合
1911年	関税自主権回復
1912年	護憲運動（憲政擁護運動）
大　正	
1913年	大正政変（第三次桂太郎内閣解散）
1914年	シーメンス事件、第一次世界大戦参戦
1915年	対華21ヶ条要求
1917年	石井・ランシング協定締結
1918年	米騒動、シベリア出兵
1923年	関東大震災、虎の門事件
1925年	治安維持法、普通選挙法
昭和（戦前）	
1927年	昭和金融恐慌、東方会議、山東出兵
1928年	三・一五事件、張作霖爆殺事件
1929年	世界恐慌
1931年	柳条湖事件、満州事変、三月事件、十月事件
1932年	血盟団事件、五・一五事件
1933年	国際連盟脱退、滝川事件、神兵隊事件
1936年	二・二六事件、綏遠事件、西安事件
1937年	盧溝橋事件、第二次上海事変（日中戦争（支那事変）始まる）
1938年	張鼓峰事件
1939年	第二次世界大戦始まる
1940年	日独伊三国軍事同盟

1941年	ゾルゲ事件、大政翼賛会
	日ソ中立条約、太平洋戦争（大東亜戦争）開戦、真珠湾攻撃、マレー沖海戦
1942年	ミッドウェー海戦
1943年	学徒出陣
1944年	マリアナ沖海戦、レイテ沖海戦
1945年	東京大空襲、広島・長崎原爆投下、ソ連軍対日参戦、ポツダム宣言受諾、玉音放送

＜現　代＞

昭和（戦後）

1946年	農地改革（～50年）、日本国憲法公布（47年5月施行）
1948年	昭和電工事件、帝銀事件
1949年	下山事件、三鷹事件、松川事件
1950年	朝鮮戦争勃発、警察予備隊発足
1951年	サンフランシスコ条約・日米安全保障条約締結
1952年	主権回復、インドと平和回復（後にインドネシア・ビルマも平和条約締結）
1953年	奄美諸島が復帰
1956年	ソビエト連邦と国交回復
1960年	日米安全保障条約延長、安保反対闘争起こる
1964年	東海道新幹線・名神高速道路・首都高速道路相次ぎ開通、東京オリンピック開催
1965年	日韓基本条約調印
1968年	小笠原諸島が復帰、このころベトナム戦争反戦運動・学生運動非常に高まる
1970年	日本万国博覧会（大阪万博）開催
1972年	札幌オリンピック開催、沖縄県復帰、中華人民共和国と国交正常化（台湾断交）
1973年	中東戦争による第1次オイルショック（高度経済成長終わる）、金大中事件
1975年	沖縄海洋博開催
1976年	ロッキード事件
1978年	イランイスラム革命による第2次オイルショック
1985年	筑波万博開催、日航ジャンボ機墜落事故
1988年	リクルート事件

平　成

1989年	消費税施行、このころバブル景気が崩壊、後に大不況（失われた10年）
1991年	湾岸戦争勃発、冷戦終結
1992年	ＰＫＯ協力法成立（自衛隊海外派遣開始）
1993年	非自民連立政権発足
1995年	阪神・淡路大震災、地下鉄サリン事件
1997年	消費税増税（5％に）
1998年	長野オリンピック開催
2001年	アメリカ同時多発テロ事件発生、対テロ戦争に参加
2002年	サッカーワールドカップ日韓大会開催
2003年	イラク戦争勃発、自衛隊イラク派遣
2005年	愛知万博開催、ＪＲ福知山線脱線事故
2007年	新潟中越沖地震
2008年	世界金融危機（リーマンショック）

	2009年	民主党により政権交代、新型インフルエンザ（WHOパンデミック宣言）
	2011年	東日本大震災、なでしこジャパン優勝（サッカーW杯・ポルトガル大会）
	2013年	富士山が世界文化遺産に登録
	2014年	消費税増税（8％に）熊本地震、オバマ大統領による広島訪問
	2015年	御岳山噴火、広島土砂災害
	2017年	自民党が衆議院で政権奪還、電通事件・働き方改革、森友事件
令　和		
	2019年	消費税増税（食料品など一部を除き10％に）
	2020年	新型コロナウイルス感染症パンデミック
	2021年	東京オリンピック開催
	2022年	安倍元首相狙撃され死亡
	2023年	ビッグモーター事件、自民党裏金疑惑、侍ジャパン優勝（野球・WBC）

日本の伝統芸能、娯楽

1 スポーツ

（1）相撲

　相撲は人間の闘争本能の発露である「力くらべ」や「とっくみあい」から発生した、伝統あるスポーツであり、よく似た形態のスポーツは古来世界各地でみられます。

　日本における相撲の起源としては、「古事記」の神代の力くらべ、「日本書紀」の野見宿禰（すくね）と當麻蹴速（けはや）の天覧勝負が挙げられます。

　また、相撲は日本固有の宗教である神道に基づいた神事であり、日本国内各地で「祭り」として、「奉納相撲」が地域住民により現在も行われています。さらに、古代から皇室との縁は深く、奈良・平安時代には朝廷での「節会相撲」などが行われていました。

　神前で行われるため礼儀作法が厳しく、まわし以外身につけず、裸に近い状態で２人の男がぶつかりあい、相手の体を地面につけるか、土俵と呼ばれる決められた範囲から押し出すと「勝ち」となります。

　江戸時代から明治維新を経て、1909年（明治42年）に両国に国技館が完成し、1925年には財団法人日本相撲協会が設立され、以後大相撲の興業や力士育成・指導は相撲協会が行うようになりました。

　現在大相撲は、１場所15日間、年間６回行われ、１場所中で勝った回数の一番多い力士が優勝となります。

名　称	通　称	開 催 地	初　日
1月場所	初場所	両国国技館	1月第1または第2日曜日
3月場所	春場所	大阪府立体育会館	3月第2日曜日
5月場所	夏場所	両国国技館	5月第2日曜日
7月場所	名古屋場所	愛知県体育館	7月第1または第2日曜日
9月場所	秋場所	両国国技館	9月第2日曜日
九州場所	九州場所	福岡国際センター	11月第2日曜日

・力士…大相撲を取る人のことで、「相撲取り」「お相撲さん」などとも呼ば
　　　れます。
・番付…力士の格付けです。上から、『横綱』『大関』『関脇』『小結』「前頭」
　　　（ここまでを「幕内」といいます）「十両」「幕下」「三段目」「序二
　　　段」「序の口」
・土俵…一辺が6.7mの正方形に土を盛り、中央に直径4.55mの円が縄でつ
　　　くられている、相撲をとる場所です。
・行司…大相撲における勝敗を見極める審判役のことです。土俵にあがって
　　　相撲を取る力士の番付により、行司も代わります。

（2）柔道

　日本古来の徒手格闘といわれる、力くらべや相撲を起源とする柔術諸流派の技をもとに、1882年（明治15年）嘉納治五郎によって創設された「講道館」を中心に発展した武道です。

　奈良・平安時代の「節会相撲」が、やがて武士階級の間で武技として練り磨かれるようになり、戦場において武士が取っ組みあい、相手を投げ倒し、組み敷き討ち取る組討の術として発達してきたのが柔術といわれます。

　嘉納治五郎は、柔道の根本原理を「心身の力を最も善く使用する道」（精力善用）と説き、「己を完成し、世を補益すること」（自他共栄）を柔道修行の目的としました。

　1964年の東京オリンピックで五輪正式種目となり、国際柔道連盟（IJF：International Judo Federation）加盟国数は約200カ国/地域を越え、世界的に普及しているスポーツのひとつとなりました。

　「柔よく剛を制す」といわれるように、相手の力を利用して相手を制すことができる、小さく力の弱い者でも大きな者を倒すことができる、これが柔道の基本理念です。

　試合では2人の競技者が約9ｍ四方の畳の上で、背負い投げなどの投技や固技などによって5分間勝敗を競います。勝敗を決める技の判定基準は、①一本、②技あり、③有効、④効果の4段階で、技あり2回で一本となり、一本はその時点で試合終了となります。

（3）剣道

　武家の剣術が日本の武道である剣道の母体であり、直接の起源は、江戸時代に防具と竹刀を使用する打ち込み稽古とされています。江戸時代後期から末期には、竹刀打ち道場が興隆し流派を超えて試合が行われるようになりました。

しかし、明治維新により武士の身分制度が廃止され、帯刀も禁止され、剣術は衰退します。

　その後、警察で剣術を奨励する意向が出され、1911年（明治44年）には、中学校の体操の一部として実施されるようになり、日本剣道形（現在の剣道のかたち）が制定されました。これら歴史的経緯から、警察剣道、学校剣道が現在も中心的存在となっています。

（4）弓道

　弓道は、日本の武道の一つで、和弓で矢を射り、的にあてる技術です。また精神と身体の調和を目指す伝統的な弓術です。

　その起源は古代にさかのぼり、狩猟や戦闘のための技術として発展しました。平安時代には武士の鍛錬として重要視され、多くの流派が誕生しましたが、16世紀にヨーロッパから鉄砲が伝来したことにより戦闘用の武器としての役割を終え、その後は心身を鍛えるための道として進化しました。また、今日ではただ的を射るだけではなく、一連の所作においての美しさと正確さを求める芸術的な側面をもつ伝統文化として大切にされています。年齢や性別、体力、体格に左右されず、だれもが親しむことができるため、スポーツや学校教育として広まっています。

2　娯　楽

（1）将棋

　　縦横９マスずつに区切られた将棋盤の上で、２人の対局者がそれぞれ交互に
将棋駒を動かして、相手の王を取りに行くゲームです。

　　コマには種類があり、「歩兵」「香車」「桂馬」「銀将」「金将」「角行」「飛車」
「王将」で、それぞれ将棋盤上での動き方が異なります。自分の番が来たら必
ず盤上の自分の駒を１回動かすか、持ち駒をひとつ盤上に打たなくてはなりま
せん。２回続けて駒を動かしたり（二手指し）、パスすることはできません。

　　将棋をさすプロのことを「棋士」と呼び、将棋の大会のことを「棋戦」と呼
びます。

（2）囲碁

　　縦横19本ずつの線が引かれた碁盤の上に、黒と白の碁石をおいて陣地をよ
り多く取り合う、２人で行うゲームです。中国で約4000年前に誕生したと言
われています。

　　一方が白、もう一方が黒の碁石を持ち、白と黒が交互に碁石を打ち陣地を広
げあい、囲った陣地の大きい方が勝つというゲームです。また、陣地を広げる
過程で「相手の石を取ることができる」というルールがあり、より複雑で面白
いゲームになっています。

Ⅳ. 日本の伝統芸能、娯楽

3　伝統芸能

（1）能

　13世紀後半、室町時代の将軍足利義満の庇護の下、観阿弥・世阿弥親子によって現在のかたちに完成したと言われる、日本独自の舞台芸術の一種です。主人公が幽霊であることが多く、その独特の雰囲気は幽玄の世界ともいわれます。

　能舞台上は、次のように分けられます。

　◆登場人物を演じる役（総称して「三役」とも言います）

　・シテ…主役となって舞を舞う主人公のことです。シテには観世流・宝生流・金春流・金剛流・喜多流の５つの流派があります。

　・ワキ…シテの相手役のことで、能面はつけません。

　・狂言方…能舞台の前半と後半が切り替わる間をつなぐ登場人物です。

　◆合唱を担当する役

　・地謡…斉唱を担当し、能の物語の状況や登場人物の心情を表現します。

　・囃子方…上手から笛・小鼓・大鼓・太鼓と並ぶ４人で構成され、舞を舞うときに演奏します。

　能で使用される面を能面といい、主に、老人・男・女・霊・鬼神に大別され、鬼面のひとつの「盤若」は特に有名です。

（2）狂言

　能と同じ頃に誕生した日本独特の舞台演劇です。能とは対照的に、物まねや道化的な要素を持ち、面白い内容で観客の心を楽しませます。狂言の主役を演じる人を「シテ」、その相手役を「アド」と呼びます。狂言の流派には、和泉流と大蔵流があります。

（3）歌舞伎

　歌舞伎（かぶき）は日本独特の演劇で、国の重要無形文化財に指定されています。また、無形文化遺産保護条約に基づく「人類の無形文化遺産の代表的な一覧表」にも掲載されています。

　「歌舞伎」の呼びかたは、カブく（「傾く」が原義）の連用形からとされています。異様な振る舞いや装いをカブキといい、それをする人物をカブキ者といいました。

　演劇的な内容としては、歴史的事実を演劇化した時代物、その当時の世界を描写した世話物などに分けられます。また、世界と呼ばれる約束事があり、演目の背景となっている物語の基本的な大枠が決まっています。たとえば、「太平記の世界」、「平家物語の世界」、「義経記の世界」、「曾我物の世界」、「隅田川物の世界」などがあり、登場人物やその関係などは初めて見物する観客もよく知っている状況で、戯作者がどのようにストーリーを展開させるかを楽しむようになりました。

　歌舞伎には多彩な音楽が用いられます。先述の通り歌舞伎はもともと、最初から劇として作られた演目、人形浄瑠璃を原作とした演目、さらに、舞踊といったさまざまなジャンルの舞台を総称したものです。よって、各分野に適応した音楽が存在するのです。

（4）邦楽

　長唄・小唄・囃子・雅楽・端唄といった日本固有の伝統音楽の総称で、琴・三味線・尺八・和太鼓・笛などの楽器が全般的に用いられます。

（5）落語

　江戸時代の日本で成立し、現在まで伝承されている伝統的な話芸のひとつです。何人かの登場人物や状況描写など、全てを１人の話者が行います。衣装や道具・音曲に頼ることは比較的少なく、身振りと語りのみで物語を進めていく独特の演芸であり、高度な技芸を要する伝統芸能といえるでしょう。

Ⅳ. 日本の伝統芸能、娯楽

4　伝統的文化

（1）神社と寺

　日本には数多くの神社や寺があります。神社の起源は、磐座（いわくら）や神の住む場所である禁足地（俗に神体山）などで行われた祭事の際に、臨時に建てた神籬（ひもろぎ）などの祭壇です。もともとは神様を祀るのに建物などはなく、山や自然を直接拝んでいましたが、仏教が伝来し寺が建てられ始めると、同時に神社も建てられるようになりました。仏教伝来後から明治時代まで、神仏が混同されたりしていましたが、明治時代の神仏分離令により寺と神社が分かれました。

（2）茶道

　伝統的な様式にのっとって客人にお茶をふるまう行為から、単にお茶を飲むだけでなく、生きていく上での目的や考え方、宗教、茶道具、茶室に飾られる美術・芸術品等、さまざまな分野における日本の総合芸術とされています。別名「茶の湯」ともよばれます。

　日本独自の美意識のひとつである「わび・さび」という精神文化も、茶道から生み出されたものであり、「一期一会」という教えは、日本の「おもてなし文化」の起源ともいわれます。安土桃山時代の茶人、千利休は特に有名で、わび茶という茶道の様式を完成させました。

（3）華道

　日本の四季折々の樹枝、草花などを切って、組み合わせ花器に挿し、美しさ、いのちの大切さを表現し、鑑賞する、また、礼儀作法を大切にする日本の伝統的芸術です。

　花を飾る文化は太古の昔、仏前へ草花をお供えすることから始まりました。

室町時代、床の間がある書院造の建築様式の完成によって、花は決められた方法にしたがって生けられ、床の間に飾られるようになりました。生け花に正面があるのはこのためであり、この頃から草花には人間と同じいのちを持つとする思想が生まれ、華道が完成します。師から弟子へ伝承されるのは「ふさわしくない者に相伝するのは、道が廃れる要因である」という考えからで、師は弟子へ厳しく稽古をつけます。現在では華道の流派は家元である池坊を中心に、全国に数千あります。

日本の政治の特色

1 三権分立

　日本では「三権分立」という制度を採択し、三権とは「立法権」「司法権」「行政権」をさします。それぞれがお互いに抑制力を持ち、バランスを保つことを目的とし、その原理は「チェック・アンド・バランス」と呼ばれます。

　立法権を司る「立法府」とは、議員が集まって法律をつくる場所、国会です。国会は、行政府（内閣）に対して内閣総理大臣（首相）を指名するという影響力を持ち、司法府（裁判所）に対しては、裁判官を弾劾裁判にかける権限を持つという抑制力を持っています。

　「行政府」は内閣のことで、内閣総理大臣が内閣のリーダーです。行政府は実際に政策を実行する行政権を持っているうえ、衆議院を解散させることができ、立法府（国会）に対して抑制力を持っています。また、最高裁判所裁判官を任命できるのも内閣です。

　「司法府」は法律が正しく働いているか、裁判官や検事や弁護士が通常の裁判を通じてチェックするところです。さらに裁判所は、国会や内閣が憲法にあった活動をしているかもチェックします。これを、「違憲審査権」といいます。

　なお、今日では三権分立に加えて第4のチェック機関として、マスメディアが強い力を持つようになってきました。新聞・テレビの報道が、政治の過度な動きを抑制しているといわれます。そのため、第4の権力と呼ばれることもあります。

2　国会の仕組み

　日本の政治は、国会を中心に動いています。国会では、私たちの生活にとって重要なことを決めています。政治で最も重要なことは話し合うことで、国会でも話し合いが基本になっています。日本の国会が「二院制」をとっているのも、じっくり話し合うためです。しかし、話し合いというのは時間がかかるうえ、結論が出ない場合もあります。結論が出なければ、政治は行えません。そこで、国会のしくみは政治がスムーズに進むように、さまざまに工夫が凝らさ

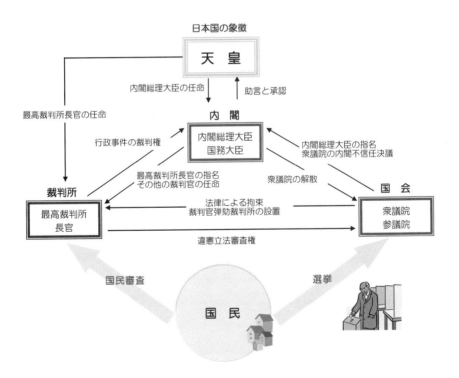

れています。国会のしくみを理解していなければ、私たちの生活のルールがどのように決められているのか判りません。

　国会がどのようなしくみになっているのか、どのようにして法律や予算が決められているのかをみてみましょう。

（1）国会

　「国会」とは国民の代表（国会議員）が集まり、予算や法律などを話し合って決める議会のことです。国会の召集は内閣が決定し、天皇が召集詔書を発布して召集します。国会は「衆議院」と「参議院」の2つの議院からなり、両議院併せて722人の国会議員が所属しています。憲法では国会を「国権の最高機関」とし、国民の代表機関であることを明記しています。また、憲法で「立法」が認められた唯一の機関であることも大きな特徴です。

（2）二院制

　2つの議院で構成される議会制度のことです。日本の国会は二院制を採っていて、「衆議院」「参議院」で構成されます。同じ問題に対して2度、違う角度から慎重に審議するため、一院制より話し合いやチェックの機会が多く、一院制の行き過ぎを防ぎ、より適切な判断をすることができるとされています。また、両議院の定数や任期などが異なれば、さまざまな考え方が取り入れやすくなります。

（3）衆議院・参議院

　国会を構成する2つの議院のことで、国会での審議は両議院で行われて初めて成立します。

　「衆議院」は内閣総理大臣の指名、予算案の議決および条約の承認等で参議院に優越します。議員の任期は4年ですが、天皇からの詔書により行われる衆議院解散の場合には、期間満了前に終了します。解散後の総選挙で国民の意思を反映できることから、より国民に近いと考えられ、参議院より大きな権限を持っています。議席定数は475名で、内訳は、295小選挙区から295名、ブロック別の11比例区から180名が選出され、衆議院を構成します。

　「参議院」はその時々の状況に大きな影響を受けることなく、長い目で国の政治を審議することが期待されています。議員の任期は6年で、3年ごとに半数が改選され、衆議院と異なり、解散はありません。現在の議席定数は242名で、内訳は、都道府県単位の47選挙区から146名、全国単位の比例区から96名が選出され、参議院を構成します。

（4）衆議院の解散

　おもに衆議院の意見と内閣の意見が対立した場合などに解散され、解散の日から40日以内に衆議院議員総選挙を行い、衆議院の意見と内閣の意見のどちらを支持するのか、国民に問いかけるというわけです。さらに、その選挙の日から30日以内に国会（特別国会）を召集しなければならないとされています。衆議院議員の任期である4年間に解散がなければ「任期満了」となりますが、戦後では任期満了になったのは、三木内閣の1度しかありません。

3 内閣と省庁

日本では2001年に「省庁再編」が行われ、1府22省庁あった行政機関が1府12省庁にまとめられました。それまで各省庁の関係が複雑でまとまりなく仕事をしていたため、さまざまな不合理や弊害がありました。再編後は新たに設けられた内閣府を中心に、以前に比べると大きく合理化が進められ、それまで追求されてこなかった官僚の不正が明らかになるなど、良い結果が生まれてきました。しかしその一方、省庁から多くの権限が内閣府や内閣に渡されたことで、官僚から強い反発も生まれました。

(1) 議院内閣制

議会の信任を受けた内閣が、行政を行う制度です。日本では国会が内閣総理大臣を指名し、指名を受けた総理大臣が国務大臣を任命し、行政権の主体である内閣を組織します。内閣は連帯して国会に対して責任を負い、衆議院の信任を得て存立します。このように国民の代表機関である国会の信任を受け、国会議員の中から主要な閣僚が選出され、行政権の行使にあたり国会に連帯責任を持つ内閣制度のことをさします。

(2) 内閣総理大臣

衆議院の多数派の支持を得た者が、天皇に任命されて行政府である内閣の長である内閣総理大臣になります。総理大臣は、国務大臣の任命権・罷免権、衆議院の解散など大きな権限を持ちます。しかし、衆議院で不信任案が議決された場合は、内閣は総辞職するか、議決から10日以内に衆議院を解散し、国民の信を問わなければなりません。

（3）省庁

　国民に専門的なサービスを効率よく提供できるよう、内閣の下に設けられた行政機関です。

　2001年の「中央省庁再編」により、それまでの1府22省から1府12省庁にまとめられました。現在は1府11省3庁となっています。

内閣府：再編により従来の総理府が消え、新たに設置された政策企画や調整を行う

デジタル庁：国・地方行政のIT化やDXの推進を目的として2021年に発足した

復興庁：2012年に東日本大震災からの復興を目的とし設置された

総務省：各省庁が実施する政策の評価や、地方行政の監督などを行う

法務省：日常に関わるルールを決めたり、犯罪者が罪を償うことを手助けする

外務省：日本がどのように世界の国々と関わっていくかなど、外交政策を進める

財務省：国の財政や税金の管理を行ったり、貿易品への課税や取締りを行う

文部科学省：教育・スポーツ・文化の振興と科学技術の推進を行う

厚生労働省：医療・社会福祉・食品管理・年金・就職の斡旋などを通じ、国民が快適に生活できるよう務める

農林水産省：農業や水産業の発展と食糧の安定供給などに務める

経済産業省：生産・消費・リサイクル・環境問題など通じて経済と産業の発展を目指す

国土交通省：国土や道路交通の管理や開発を行う

環境省：公害・ゴミ問題・自然保護・地球温暖化などへの対策を通じて環境保全に取り組む

防衛省：日本の平和と独立を守り、安全を保つことを目的に自衛隊を管理・運営する

国家公安委員会：国の警察機関である警察庁を管理する内閣府の外局で、委（警察庁）　　　員長は国務大臣

4 選　挙

　日本は世界の中でも、投票率が低い国として有名です。投票率が低い原因の
ひとつは、国民の政治への関心が薄いからだと言われてきました。また、多く
の人が参加しやすいよう、選挙制度が整備されていないからだ、という指摘も
あります。最近では投票所の投票時間が延長されたり、期日前投票の手続きが
簡素化されるなど、投票がしやすい環境が整えられたことによりわずかずつで
すが投票率が上がってきています。

（1）普通選挙

　性別・財産・納税額などで選挙権を制限しない選挙のことです。納税額など
により制限されていた戦前の選挙に対する呼び方です。日本では1945年に普
通選挙が取り入れられ、その後、政治に国民の意思を反映させる重要な手段と
されてきました。

　この他に一人一票の「平等選挙」、無記名投票の「秘密選挙」、誰に投票する
のも自由な「自由選挙」、有権者が直接議員を選ぶ「直接選挙」が原則とされ
ています。

（2）選挙権

　選挙で投票することができる権利です。選挙権を持つ人を「有権者」と呼び
ます。

　国政選挙では選挙当日に満18歳以上の日本国籍を持つ人であれば、選挙権
が与えられます。地方選挙は満18歳以上で日本国籍を持っていることに加え
て、３ヶ月以上その市町村に住所を登録していることが条件になっています。

（3）投票

　選挙で票を投じることです。選挙が公示されると、有権者の元に選挙管理委員会から「投票所入場券」が送られてきます。選挙当日にそれを持って投票所に行き、投票します。現在投票は、原則午前7時から午後8時まで行われています。投票日に投票できない場合、「期日前投票」や「不在者投票」も可能です。

日本の経済、産業の特色

1　日本経済を取り巻く変化
〜グローバリズム、ボーダーレス化、IT化、SDGs〜

　21世紀は、政治、経済、文化、スポーツなどあらゆる分野でめまぐるしく
変化しています。インターネットで全世界のあらゆる分野の情報が誰でも収集
でき、いつでも共有化できる時代です。この世界的情報化社会の中で特に企業
を取り巻く経営環境は、政治や経済の国際化の影響を受け、著しく変化してい
ます。企業が生き残り存続し、成長していくためには、まさにこうした経営環
境の変化にいかに対応していくかです。大企業、中小企業にかかわらず、現在
は環境適応力が企業の将来を左右するといえます。

　そこで、企業を取り巻く経営環境の変化をまとめると、以下のようになりま
す。

（1）経済のグローバリゼーション（国際化）とそれに伴う規制緩和

　企業を取り巻く大きな環境変化の第一は国際化です。バブル経済の崩壊後、
日本企業の再生への道はコストカットであり、生産性の向上による競争力の強
化でした。そこで、日本の多くの製造業は人件費や経費の安い海外に生産拠点
を移し、特に中国・アジアへの進出は大企業から中小企業に至るまで行われ、
国内産業の空洞化が心配されるほどです。また一方で、国内での規制緩和が進
み市場開放が促進され、外資系（特に米国・ヨーロッパ）の大手企業が続々と
日本へ上陸しました。ユダヤ系の金融企業の進出は、特に日本の株式市場に大
きく影響を与え、M＆A（Mergers & Acquisitions：企業の合弁・買収）な
どが積極的に展開されています。このように従来とは全く違った市場競争が行
われ始めました。

（2）業界・業種のボーダレス促進

　もう一つの経営環境の変化は、企業経営の多角化や新規事業開発に伴い従来の同業者間での競争に加え、全く他業界からの参入が多くなったことです。業界業種の境目がなくなり、技術革新、アイディア、新企画を背景に成長が期待される市場は複雑化しています。

（3）産業全体でのハイテク・IT化の促進

　あらゆる業界で現在はIT技術が導入され、ハイテク化が進んでいます。また、バイオテクノロジーや新素材など新技術により、全く新しい経営資源の導入・活用が行われ、高付加価値製品や商品・サービスが期待されています。従来のように大量生産・大量販売することから、顧客ニーズにきめ細かく対応する多品種付加価値生産販売へと変化することが市場競争力を持つ時代となってきました。

（4）環境問題などに対する企業の社会的責任の重要性の増大

　現在、世界的規模で問題となっているのは、企業による環境破壊です。さらに、企業の倫理観そして製品安全性（PL法）、個人情報保護など企業の社会的責任で厳しく問われています。また、経営内容の公開（ディスクロージャー）や株主代表訴訟など、企業経営の社会的責任の重要性とともに、リスクに対するマネジメントの重要性が増大しています。

（5）SDGsへの取り組み

　SDGsとは、「Sustainable Development Goals（持続可能な開発目標）」のことで、2015年9月の国連サミットで採択された「持続可能な開発のための2030アジェンダ」にて記載された2016年から2030年までの国際目標です。持続可能な世界を実現するための17のゴール・169のターゲットから構成され、地球上の誰一人として取り残さない（leave no one behind）ことを誓っています。発展途上国から先進国までが同じように取り組むユニバーサル（普遍的）なものであり、日本の産業界でも積極的に取り組んでいます。

2 日本の産業構造
～日本の主な業種・業界構造～

　日本にはどのような業界があるかを考える場合、業界分類にはいろいろな方法がありますが、我々の社会生活がどのような産業構造によって支えられているかを考えるとわかりやすいと思います。

　そういった観点から産業社会を大きくとらえると、次の5つの業界で構成されています。

---

1. 我々の社会生活基盤をつくり支えている社会基盤を計画・開発する産業、社会インフラ業界
   - （1）　エネルギー業界（石油業界、電力業界、ガス業界など）
   - （2）　建設業界（建設業界、プラント業界、土木業界など）
   - （3）　不動産・住宅業界（不動産業界、住宅業界など）
   - （4）　運輸交通業界（鉄道業界、陸運業界、空運業界、海運業界、倉庫業界など）
   - （5）　IT・通信業界（ソフトウェア業界、情報サービス業界、通信業界、インターネット業界など）
2. 我々の社会生活、経済生活に必要なものを作る産業、製造業界
3. 作ったものを我々に営業販売する産業、流通小売業界
4. モノ以外で我々の社会生活を便利で豊かにするためにいろいろなサービスを提供する産業、サービス・レジャー業界
5. 産業全体、社会全体が進歩発展していくために必要不可欠なお金の運用に対する産業、金融業界

注）変化する産業

　産業社会は日々刻々と、変化と進化を続けています。得意な事業分野の見極めによって「選択と集中」をしたり、自社が有する技術や人材などの経営資源を新しい分野に投入して、企業は生き残りのために努力しています。

　既存企業が獲得していた市場をM&A（Mergers & Acquisitions：合弁と買収）によって手に入れ新会社を設立したり、また経営が上手くいかなければ逆に手放すことも見られます。

　たとえば、富士フイルムはそれまでフィルムで培った自社の持つ技術を応用して高級化粧品という同社にとっての新事業に展開したり、ソニーはパソコンから撤退したりTV事業を分社化させ、ゲームやスマホ・電子デバイスに事業を集中させています。あるいは通信業界では、KDDI（au）は金融など非通信事業の強化、社内外のDX推進といった通信を核とした事業の多角化を進めています。元々ソフトウェアの会社だったソフトバンクはM&Aで通信事業へ参入し、最近ではグループ傘下のYahooによるZOZOの買収やLINEとの経営統合などM&Aを活用して事業の多角化をし、投資会社としての色彩も見せています。また、これまでの大手3社に加えEC業界から楽天も参入しています。

　さらに、産業分野の境界が変化し市場構造もこれまでの概念では区分できなくなってきています。そこで変化する産業社会の将来については、今後のメディア最新情報などにより補うようにしましょう。

　なおここでは、ホールディングやグループ名ではなく、その業界で売上などが上位の一部の会社名を挙げました。記載以外にも多くの会社がありますから、読者の皆さんも自分で調べてみて下さい。

（1）我々の社会生活基盤をつくり支えている社会基盤産業、社会インフラ業界

1）エネルギー業界

①石油業界

　中東の主要産油国であるシリア・イラン・イラク・サウジアラビア・リビアなどの政治情勢が不安定なためと、中国などの需要が拡大を続けているために原油価格が乱高下し、特にガソリン価格の動向が、国内産業のみならず海外でも大きな経済的影響を与えています。石油業界は油田開発、原油採掘の上流部門と、原油の精製・販売など下流部門に分かれています。上流部門は欧米の石油メジャーや中東諸国がほとんどのシェアを握っています。

　なお、米国を中心に盛んになっているシェールガスの採掘により、世界のエネルギー・化学原料供給構造は大きく変わる可能性があります。

　石油は、輸入した原油を元売り各社がガソリンや灯油などに精製加工、自動車用燃料などとしてサービスステーション（SS）などで消費者に販売するほか、火力発電所での燃料としても使われています。以前は多くの企業がありましたが国内需要の落ち込みが続き、現在元売り系としては、ENEOSホールディングス（東燃ゼネラル・新日本石油などが統合）ほか全5社、開発系としては国際石油開発帝石ホールディングス（国際石油開発と帝国石油が統合）ほか全3社に統合されています。

　また大手各社は、EV・ハイブリッド化など国内石油需要の減少や脱炭素の流れを受けて、メガソーラーや電力事業等へも参入し、石油以外のエネルギー関連の製品・サービスも取り扱う総合エネルギー企業化を図っています。

■主な企業

　《元売り系》
　　○ENEOS　　○出光興産　　○コスモ石油
　《石油開発系》
　　○INPEX　　○石油資源開発

②電力業界

　2016年に電力小売り、2017年にはガス小売りの全面自由化が実現され、価格の競争やサービスの競い合いが始まりました。消費者にとっても「いろいろ調べた結果、この会社の電力が一番安いからここにしよう」「ガス料金も考えればここが安い」「機器修理など付帯サービスはどうだろう」などと選ぶことができるようになりました。

　かつて日本の電力業界は公共事業的であり、地域1社という独占体制状況が続いていましたが、「世界一高い電力料金」と言われるほどであったため、1995年の規制緩和により、電力卸売りの自由化が行われました。この結果、一般企業が発電事業に参入できることになり、自由化が始まりました。

　しかし、2011年3月11日の東日本大震災による東京電力福島第一原子力発電所事故発生以降、原子力政策や新エネルギー政策をはじめとする電気事業にかかる政策について、見直しが議論されています。一時、全原子力発電所が停止したため電力各社が火力発電への依存を高めた結果、電気料金引き上げが続きました。また、省エネ化や国内工場の海外（中国や東南アジアなど）移転に伴い、産業部門の電力需要が減少しているため、中国やアジア諸国の電力開発事業への投資、事業指導などの事業拡大を図っています。

　今後は電源の種類（火力発電・水力発電・原子力発電・太陽光発電・風力発電など）による構成（電源構成）の見直しと、電気料金のコスト構造の見直しが求められています。

■主な企業

　　《一般電気事業者》
　　　○東京電力　　　　　　　○中国電力
　　　○関西電力　　　　　　　○北海道電力
　　　○中部電力　　　　　　　○四国電力
　　　○九州電力　　　　　　　○北陸電力
　　　○東北電力　　　　　　　○沖縄電力
　　《電力卸売会社》
　　　○ J-POWER（電源開発）　　○日本原子力発電

③ガス業界

　ガス業界も、2017年から小売りの自由化が始まり、電力会社や石油会社等の参入が進んでいます。既存のガス会社は競争に対応するため、LNG（液化天然ガス）を燃料とした発電事業に参入したり、発電で生じる熱エネルギー（排熱）を利用して、給湯や暖房などの熱需要をまかなうなどの「熱電併給システム・コジェネレーション」、地域冷暖房やガス空調設備による事業展開などで競争対応を図っています。

　2016年以降は電力やガスの小売が全面的に自由化され、ガスを扱うビジネスについても多様性が生まれつつあります。最大手の東京ガスは同年、家庭向けの電力小売りに参入し、家庭用燃料電池コージェネレーション・エネファームや太陽光発電をはじめとした新たなエネルギー分野や、くらしのサポートサービスに注目しつつあります。

■主な企業

　　《都市ガス大手4社》
　　　○東京ガス　　○大阪ガス　　○東邦ガス　　○西部ガス
　　《そのほか地域の都市ガス、プロパンガス》
　　　○静岡ガス　　○京葉瓦斯　　○北海道ガス　○広島ガス
　　　○岩谷産業　　○日本瓦斯　　○TOKAIホールディングス

2）建設業界
①建設業界

　建設業界では、道路建設、堤防建設、橋建設、トンネル建設などのコンクリートや基礎など土木工事分野、ビル建物建設など各種の設計分野と、電気工事、水道工事、ガス工事、通信工事などの分野が相互に関係しながら、開発から施工まで行います。中でもゼネコンと呼ばれる総合建設業が多大な力を持ち、大手ゼネコン、準大手ゼネコンが強力な力を持っています。建設業に携わる企業は、9割以上を中小企業が占めており、これら中小企業は大手ゼネコン、準大手ゼネコンの下請けとして存在しています。

　建設業界は公共事業に依存する部分が多く、公共事業投資が削減され続けた

ため、地方は特に厳しい経営環境が続き、多くの中小建設業者が倒産、廃業を余儀なくされました。ビル建設や商業施設建設などは、景気に左右されるため、景気動向が大きな影響を与える業界です。

　建設業界は３Ｋ職場とも言われ、人手不足に陥っています。特に、技術者や技能者の不足が深刻で、工事が遅れたり人手不足倒産が心配されています。また、建設業界に就職する若者は減少の一途を辿っているとされ、今後労働力が不足すると予想されています。

■主な企業

《大手ゼネコン》
- ○大林組
- ○清水建設
- ○鹿島建設
- ○竹中工務店
- ○大成建設

②プラント業界

　プラント業界は、石油・電力・化学・鉄鋼などを生産するのに必要な生産設備（生産工場）を調査、企画設計、開発、設置、運用指導まで一貫して提供する業界で、大規模なものが多く、現在では特に中国や東南アジア諸国、中近東諸国、アフリカ諸国での需要が高く、一大プロジェクトとなっています。また、環境汚染に対する環境安全設備の需要が高く、産業廃棄物処理設備、大気汚染処理設備、水質汚染処理設備など今後さらに成長が期待されています。

　国外市場では、北米やアジアを中心とした日本政府のインフラ輸出支援策を追い風にインフラ整備への設備投資が堅調に推移しています。

■主な企業

- ○日揮
- ○千代田化工建設
- ○東洋エンジニアリング

3）不動産・住宅業界

　不動産業界は、自社で土地を購入し、その土地を宅地や商業団地として企画開発し、オフィスビル・住宅・マンション・ショッピングセンター・レジャーセンターなどを建設し販売する「ディベロッパー業」、自社で物件を所有しオ

フィスや住宅、店舗として第三者に貸す「賃貸業」、不動産物件を売りたい人と買いたい人、貸したい人と借りたい人へ物件情報を提供し、マッチングと契約の代行を行う「仲介業」、ビルやマンション、商業施設をメンテナンスし安全管理を行う「ビル・マンション管理業」があります。いずれにしても景気に大きく左右されますが、都心部では大規模再開発が多く行われています。最近では、「六本木ヒルズ」「汐留シオサイト」「東京ミッドタウン」「虎ノ門ヒルズ」など超高層のオフィスビル、マンション、ショッピングモール、ホテル、文化施設などが複合化され、一大都市空間となっています。また、中古ビルや中古マンションもリニューアル・リノベーションされ、流通が促進されています。

　住宅では、従来物件のリフォーム市場が拡大し、団塊世代退職に伴うバリアフリー・二世帯住宅などの需要も高まっています。

　2017年から2018年に異業種による住宅メーカーの買収が相次ぎました。トヨタ自動車を親会社に持つ「トヨタホーム」、パナソニックやヤマダ電機が完全子会社化や連結化を行うなど、住宅業界に他業種が参入してきています。また、大手の住宅メーカーもゼネコンとの資本業務提携を活発化させ、商業施設と住宅地が一体化した施設の開発を行っています。

　少子高齢化による人口減少で世帯数は減少しています。今後も住宅市場は縮小するとして、大手各社は「非住宅分野」の事業強化を進めています。ハウスメーカー各社は建築部材の開発促進、サービス付き高齢者向け住宅やオフィスビル、複合施設と住宅一体化型施設の建設などを手がけています。

■主な企業

《不動産業界》

○三井不動産	○三菱地所	○大東建託
○住友不動産	○東急不動産HD	○野村不動産HD
○オープンハウス	○レオパレス21	○オリックス
○ヒューリック		

《住宅業界》
　○大和ハウス工業　　○積水ハウス　　○飯田グループホールディングス

《住宅設備業界》
　○LIXILグループ　　○TOTO　　　○三和ホールディングス
　○YKK AP　　　　○リンナイ

4）運輸交通業界

①鉄道業界

　鉄道業界は、JRグループと私鉄大手、たとえば東京急行電鉄、小田急電鉄、京王電鉄、西武鉄道、東武鉄道（以上関東）、名古屋鉄道（中部）、近畿日本鉄道、阪急電鉄（以上関西）などが代表的な企業になります。

　将来人口減少などによる旅客収入の減少や系列百貨店の売上の伸び悩みが予想されますが、「駅ナカ」などの商業施設、不動産や流通・サービス業などの生活関連サービス事業などの非鉄道部門を強化して「選ばれる沿線」をめざし、路線価値向上に力を入れています。

■主な企業

　・JR各社：北海道、東日本、東海、西日本、四国、九州、貨物
　・関東：東武、東急、小田急、京王、西武、京成、相鉄・東京メトロ
　・関西中部：名鉄、近鉄、阪急、阪神

②陸運業界

　物流の中心をなしているのが、トラック運送を中心とする陸運業界です。陸運業界は日本通運を代表とする総合運送会社と、ヤマトホールディングスを代表とする小口宅配運送会社があります。また、メーカー系列の日立物流や富士物流などは、以前はグループ会社の製品や部品、材料を専門的に扱っていましたが、色々なお客様の物流を一括して受託するようになっています。ネット通販の増加により、宅配便の取扱個数は伸びていますが、郵政民営化により郵政公社（当時）が宅配業に参入するなど、競争の激化が進んでいます。原油価格

の動向によるガソリン代（燃料費）で利益を左右する傾向が強く、それに加え顧客へのサービス提供体制が競争力を大きく左右しています。

　近年、Amazonや楽天を始めとするインターネット通販が普及したことで、宅配便の需要が大幅に増しています。陸運業界は今後、更に増え続けるであろう需要に対応できるよう、宅急便事業を強化していく必要があります。そのための具体的な方法として、急務であるのが拠点の拡大や整備です。また、より効率的かつスピーディーな運送が行えるように、システムの改善や従来の方法の見直しも行っていく必要があると考えられています。

　現在、陸運業界は、人材不足に陥りつつあるといわれています。その原因の１つとしてあげられるのが、年齢による昇給の可能性の低さです。陸運業界の業務は、ドライバーや倉庫の管理、荷物の仕分けなどが多く、業務内容をある程度理解していれば、ベテランであれど新人であれど、業務の効率に大きな差が出にくいと見られています。その為、年齢によって昇給する可能性やその金額の割合が少なくなってしまうのです。

■主な企業
　　　○ヤマトホールディングス　　　○SGホールディングス（佐川急便）
　　　○日本通運　　　　　　　　　　○日本郵便

③航空業界
　航空業界は日本航空（JAL）と全日本空輸（ANA）の２大大手航空会社と、当初旅行会社のH.I.S.が出資して設立されたスカイマーク、北九州のスターフライヤー、北海道のエア・ドゥ、宮崎県のソラシドエア、そして日本航空などが設立したジェットスター・ジャパンや全日本空輸が出資するピーチ・アビエーションなど効率運航やサービスの簡素化などで低運賃を実現するLCC（Low Cost Career）で成り立っています。

　一時期は原油価格高騰による航空燃料の上昇、テロ対策そして安全運航管理体制などコスト面に対する負荷が各社の経営を厳しい状況にしました。日本航空は会社更生法が適用され、会社の再建に長い期間がかかりました。スカイマーク、スターフライヤー、エア・ドゥ、ソラシドエアの各社も全日本空輸の

支援・出資を受け、今ではJALとANAの大きく２つのグループに再編されています。

　業界全体としてはコロナ禍をのりこえ、人流や訪日外国人が戻り、羽田空港の拡張、中部国際空港、神戸空港などの開港などにより、路線拡大が図られていますが、今後はパイロット不足が心配されています。

■主な企業

- 全日本空輸（ANA）
- AIR DO（エア・ドゥ）
- 日本航空（JAL）
- ソラシドエアー
- スカイマーク
- ジェットスター・ジャパン
- スターフライヤー
- ピーチ・アビエーション

④海運業界

　海運業界は日本の輸出入貨物の99％以上を取扱い、貿易立国としての日本を支えています。海運会社は、日本郵船、商船三井、川崎汽船の３大会社が取り扱いの大半を占めています。

　海運には、コンテナを利用し寄港地やスケジュールを予め決めて輸送する定期船と、貨物に合わせて輸送する不定期船があります。不定期船には、鉄鉱石・石炭や穀物などを運ぶ「ばら積み船」、「タンカー」、自動車やLNGなどを運ぶ「専用船」などがあります。世界経済の好不況や原油価格の動向による燃料費によって大きく経営が左右されます。

　そのため各社では、日本の人件費が高いために船籍を外国籍にして、賃金の安い外国人船員を雇用しコストダウンを図ったり、大型コンテナ船の導入により効率化を追求するなどしています。

■主な企業

- 日本郵船
- 商船三井
- 川崎汽船

⑤物流倉庫業界

　機械や製品、材料、農作物、食料品、衣料品などあらゆるものを保管する倉

庫や、魚・肉、冷凍食品などを低温で保管する冷蔵倉庫などがあります。いずれにしても保管場所は、あらゆる製造業、商社が必要としており、物流業者との連携により効果的な保管および輸送が必要であり、コンピュータ技術を駆使したロジスティクスシステムが大きな力を発揮しています。

　物流倉庫業が提供するサービスは単に物品を預かるだけでなく、検品・入庫・流通加工・ピッキング・仕分け・荷揃え・出庫といった物流をサポートするサービスです。より手の込んだ流通加工や、複雑な梱包への対応など、物流倉庫を利用する企業のニーズに合ったきめ細やかなサービスが求められています。

■主な企業
　　　○郵船ロジスティクス　　　　　○近鉄エクスプレス　　　　○上組
　　　○三井倉庫ホールディングス　　○三菱倉庫

5）IT・通信業界

　既存業務をITで効率化することにより人手不足や収益性を改善することができるため、今後、様々な企業でIT化が進むと見られています。今後はIoTやAI、セキュリティ関連に加え、老朽化したシステムの刷新なども重なるため、国内のIT需要は高まることが予想されます。

①ソフトウェア業界

　ソフトウェア業界は現在、仕事や業務はたくさんあり勢いがあるものの、それを支える人材が不足している状況です。その原因はさまざまですが、言語の種類やトレンドの移り変わりが激しいこともあり、育成に時間がかかるなどの理由が、大きな原因となっています。今後は、ソフトウェア業界企業で優秀な人材を確保することがより重要視されるようになり、各社で人材を確保するための激しい競争が繰り広げられる可能性があります。現在のソフトウェア業界のビジネスモデルは、ハイリスク・ローリターンとなっています。特に、受託・派遣型のビジネスモデルに関しては、その傾向が強く、参入すること自体は容易であっても、そこから得られる収益やうまみが少ない状況が続いています。

・IoT（Internet of Things）

　IoTとは「モノのインターネット」のことで、コンピュータなどのIT機器だけでなく、日常のさまざまな「モノ」がインターネットにつながることで自動認識・自動制御・遠隔計測などを行い、私たちの生活を便利にする概念を指します。小売店での消費者の動向の管理、自動車の自動運転、ウェアラブルデバイスを利用した健康の分野への利用など、さまざまな分野でIoTは注目を集めています。

・AI

　AI（Artificial Intelligence）は人工知能のことで、コンピュータ上などで人と同じような知能を人工的に実現させようという試みを指します。そのほかにも金融とITを合わせた領域であるFinTechや、PlayStationやMetaQuestの登場により、VR（仮想現実）も新たな体験を提供する技術として注目を集めています。

　生成AIは画像や文章といった新たなコンテンツの創造を目的に活用するもので、たとえば、その一つであるChatGPTは、質問に対する文章作成や依頼に応じた画像が作成でき、さらに精度が高い対話ができるよう、新たなデータに基づき自ら学習することができます。ビジネスへの導入によって業務効率化が期待される一方、人類に危害を与えないよう一定の規制をする必要も議論されています。

■主な企業

　《国外》
　　○マイクロソフト　　　○グーグル　　　　○アップル　　　○メタ
　　○SAP　　　　　　　　○オラクル　　　　○IBM
　《国内》
　　○日本オラクル　　　　　　○トレンドマイクロ
　　○オービック　　　　　　　○ジャストシステム

②情報処理サービス業界

　情報サービス会社は大手SI（システムインテグレーター）を中心として、情

報システムの企画、開発、運用を一貫して行っています。情報システム構築の際には、ユーザー業務の把握、分析、ユーザーの課題解決を可能にするシステム計画立案、構築、そして保守・運用までを請け負います。

　業界の特徴は、元請けが大型の案件を受注し、複数の協力会社へ内容や規模・得意分野によって業務を振り分けるゼネコン型のピラミッド構造で仕事をすることです。業務ソフト開発は、大中小の「ソフトハウス」が、データ入力処理は「情報処理サービス会社」が行うという形態です。

　近年の動向として、データをインターネット上で管理するクラウドコンピューティングや大量のデータを分析して傾向を把握するビッグデータの活用などに注目が集まっています。ビッグデータは、購買履歴や口コミ、顧客情報、POSデータなどに代表され、企業のマーケティングや商品開発などに有効なことから注目されています。

■主な企業
- 富士通
- NEC
- NTTデータ
- 日立製作所
- 大塚商会
- 野村総合研究所
- 伊藤忠テクノソリューションズ
- TIS
- SCSK
- ビプロジー

③インターネット・通信業界

　通信業界はその莫大な売上規模から、日本のGDP成長率にまで影響を及ぼす、日本の産業の中でも中核を担う業界です。通信業界は通信業の切り口で見ると、今後も需要と成長の見込まれる期待が持てる業界です。特に世間で騒がれているAIやロボット、IT化のインフラを担っているのが、まさに通信業だからです。通信業界の市場規模は大きく拡大し、2021年時点で約80兆円でした。日本のGDPにしめる割合も年々増えてきています。

　スマートフォンや携帯電話の通信エリアはほぼ日本全国にいきわたり、海外との通信サービスも実現しています。したがって、従来の固定電話の利用は減っています。また、最近ではインターネット技術によりデジタル化した音声などを送信するIP電話が低料金でサービスを提供していることから、普及速度

が速まっています。スマートフォンや携帯電話はNTTドコモがトップシェアを誇っていますが、auとソフトバンクも競争力を増し、楽天モバイルも参入しています。

　今後様々な業界との連携が考えられ、あらゆるサービスがデジタル通信を活用し、インターネットによる多種多様なサービスが開発されています。すなわち、デジタル通信技術の発展とインターネット、スマートフォンや携帯電話の多機能化により買い物の決済、ホテル・旅館の予約、映画・劇場の予約、映画・音楽配信、株の売買、JR・航空券の予約、各種企業取引などあらゆる我々の生活レベルで利用・活用範囲が広がり、より進化しています。

■主な企業
　　《通信キャリア》
　　○NTTドコモ　　　　○KDDI（au）　　　　○ソフトバンク　　○楽天
　　《SNS、ほか》
　　○LINEヤフー　　　　○ミクシィ　　　　○サイバーエージェント
　　○GMOインターネット　○ディー・エヌ・エー

（2）我々の社会生活、経済生活に必要なものを作る産業、製造業界

1）鉄鋼業界
　鉄はビル、橋、その他建物、建設、自動車、造船、電気機器など、あらゆる工業製品の基本材料です。したがって、我々の生活を支える多くの製品を生み出す原材料といえます。原料である鉄鉱石や石炭は輸入に頼っていますが、日本の高品質な鉄鋼を製造する技術は世界屈指といえます。バブル崩壊後は景気の低迷で公共事業や設備投資が減少し、需要低迷が続きました。製鉄では、業界再編が行われ現在は日本製鉄、神戸製鋼所、日新製鋼のグループと、JFEホールディングスの2大グループとなりました。

■主な企業
　　○日本製鉄　　　　　　　○JFEホールディングス
　　○神戸製鋼所　　　　　　○日新製鋼

2）非鉄金属業界

　非鉄金属業は「鉄」以外の金属を生産する業界です。日本は精錬技術が高く、国際ブランドとして高い評価を得ています。非鉄金属とは、「銅」「鉛」「亜鉛」「アルミニウム」「錫」「ニッケル」「チタン」「タングステン」「クロム」「コバルト」など、電線や電池、建設材料、航空機材料、アルミサッシ、缶、電子部品に必要とされる「ベースメタル」「レアメタル」といわれるものを生産する業界です。これらの「ベースメタル」「レアメタル」の製品は精錬技術と大規模場工場が必要であり、最近では中国をはじめ、東南アジアの需要の多い地域で開発が盛んです。世界的な景気経済の影響を強く受け、また原石の輸入や製品の輸出にかかわるため、為替相場にも影響されます。

　今後は資源循環技術を高め、「都市鉱山」と言われるリサイクル資源から金や銀、銅などの金属を回収する日本国内で培った強みを発揮し、新分野開拓を打ち出しています。自動車や精密機器、家電の需要が高まっていることに伴い、非鉄金属業界の需要も年々高まっています。

■主な企業

- 三菱マテリアル
- DOWA
- 住友金属鉱山
- 三井金属鉱業

3）化学業界

　化学業界は主に石油や天然ガスを、燃料としてではなく原料として使い、我々の生活の多くのものを製造しています。たとえば、プラスチック、合成繊維、ゴム、写真フィルム、化粧品、塗料、インキ、電子部品などです。これらは原油が精製され、ナフサ（粗製ガソリン）となりベンゼン、エチレン、プロピレンに分解され、ポリエチレンやフェノールといった素材になり、数々の製品が生み出されています。現在は中国や東南アジアの需要が多く、今後も期待されますが、日本は原料を海外からの輸入に頼るため、原油価格や為替の変動に大きく影響されます。今後はこれまでの石油化学事業から、機能性新素材（リチウムイオン電池材料やLED材料、有機EL向け発光材料など）開発にシフトを強めています。

■主な企業
- 三菱ケミカル
- 住友化学
- 信越化学工業
- 三井化学
- 旭化成

4）ガラス業界

　ガラス業界は、ビル建設、住宅、自動車などに使われる板ガラスの需要が最も高く、日本企業の製品は競争力が高いことから世界的シェアを獲得しています。最近の液晶、プラズマテレビの普及で薄型ディスプレイ用が急成長しています。ガラスはコップなど家庭用品やレンズ、スマートフォンのカバーガラスなどさまざまな精密機器に使われ、需要が増加するとともに高品質のものが求められています。

　また、再生可能エネルギーへの需要の高まりや省エネルギー意識の高まりから、世界各地で太陽電池が増産され、ソーラーパネルに使うガラスや断熱性の高い住宅用高機能製品「エコガラス」などの需要が拡大しています。

■主な企業
- AGC
- 日本板硝子
- HOYA

5）セメント業界

　道路、橋、ダム、トンネル、ビル建設に欠かせないセメントは景気の影響を受けやすく、また国内では行政改革のため公共事業が削減され需要は減り続けていました。そのため企業合併が進み、現在は太平洋セメント、宇部三菱セメント、住友大阪セメントの3社で80％のシェアを占めています。今後は産業廃棄物の再利用のための「リサイクル産業」として、ごみの焼却灰や汚泥をセメント材料にするプラントが開発されコストダウンによる低価格セメントとして期待されています。

■主な企業
- 太平洋セメント
- 住友大阪セメント
- UBE三菱セメント

6）ゴム・タイヤ業界

　ゴム・タイヤ業界は、自動車産業の好調を受けタイヤの生産量が高く、自動車会社の世界戦略に歩調を合わせ、海外進出も常に行われています。今後は中国や東南アジア、新興国などでの需要拡大が期待され、各社では低燃費タイヤなど高機能ゴムの開発にも力を入れています。また、鉱山などの建機用や最近需要が伸びているSUVなど向けの大口径タイヤは付加価値が高く、各社は力を入れています。

　合成ゴム業界は、液晶パネル用着色レジストや配向膜、位相差フィルムなどデジタル素材の需要が拡大し存在感が増しています。また、工業用ゴム、衛生用ゴム、ゴルフボールなどは、中堅中小企業も加わり、多用途のニーズに合わせて生産されています。

■主な企業
　《タイヤ》
　　○ブリヂストン　　　　○住友ゴム工業　　　　○横浜ゴム
　《合成ゴム》
　　○JSR　　　　　　　　○旭化成　　　　　　　○日本ゼオン

7）紙・パルプ業界

　紙・パルプ業界は「印刷用紙」「コンピュータ用紙」「新聞用紙」など、我々の生活に直接使われるものが多く、多量に生産されてきましたが、最近ではデジタル化によるペーパーレス化が進み、新聞雑誌や書籍、カタログなど印刷物としての紙の需要は減少傾向にあります。しかし、ティッシュや紙おむつなどの生活衛生用品、絶縁材など工業用途の製品は需要が拡大しています。また「板紙」は、段ボールといろいろな製品・商品の梱包材として使用されます。ネット通販は今後も拡大することが想定されており、段ボールの材料となる板紙の需要は堅調に推移しています。いずれも競争が厳しく、業界は再編され、王子製紙と日本製紙グループの2強状況となっています。その他、「家庭用紙」はティッシュなどで有名な大王製紙、レンゴーは「段ボール」、高い生産効率の北越コーポレーションなど、各社特質を生かし、シェアを確保しています。

　これまでは典型的な内需でしたが、各社は生き残りのため、中国や東南アジアなど経済成長の著しい紙需要の伸びている地域に進出を図っています。また、紙の原材料は原木やチップであるため自然環境問題と大きく関連し、古紙回収や古紙率の高い紙の開発など、循環型実現に積極的に取り組んでいます。

■主な企業
- ○王子製紙
- ○日本製紙
- ○レンゴー
- ○大王製紙
- ○北越コーポレーション

8）繊維業界

　繊維業界は、麻、綿など「植物繊維」と、シルク、羊などの「動物繊維」、そして石油を原料としたポリエステル、ナイロン、アクリルなど「合成繊維」を生産しています。植物繊維と動物繊維は「天然繊維」と呼ばれ、ほとんど原材料は輸入されるため、海外の生産地域の状況によって価格が大きく影響を受けます。合成繊維も原油価格に大きく影響され、アジア諸国の低価格生産により競争は厳しくなる一方です。

　そこで同業界は、今まで蓄積した技術を生かし、新しい分野への応用を進めています。繊維事業で蓄積した要素技術をフィルターや断熱材、無塵衣などに応用したり、下廃水再利用にも使われる中空糸膜など、要素技術を活用し多種多様な環境対応材の拡充に取り組んでいます。さらに、自動車のボデーや航空機にも使われ、そういった新しい分野でも成長が期待されています。

　国内衣料用繊維の需要低下にともない、化学繊維系メーカーを中心に世界的な需要や価格競争力のある高付加価値商品へとシフトしています。とくに、航空機の機体などに使われている炭素繊維や海水淡水化などに使われる水処理膜は、世界のなかでも日本メーカーが高いシェアを誇っています。

■主な企業
- ○東レ
- ○帝人
- ○東洋紡
- ○住江織物
- ○ダイワボウ

9）コンピュータ業界

　国内のコンピュータ業界は、世界同時不況後大きく持ち直し、出荷台数は順調な回復を見せました。かつては、NEC、富士通、東芝といった国産メーカーが上位を占め、日本ヒューレット・パッカード（日本HP）、デル他、海外メーカーもシェアを占めていました。現在では、中国のメーカーであるレノボが日本メーカーのPC事業を傘下に入れ大きなシェアを占めるようになっています。世界では、レノボ、ヒューレット・パッカード、デルの大手３社と、アップル、エイスース（Asus）に集約され、グローバルマーケットでの出荷台数競争がメーカーの戦略を大きく左右する、変化の大きな業界であるといえます。

　今後はデスクトップやノートパソコンの市場規模は横ばいに対して、スマートフォンやタブレット端末が伸びていくと見込まれています。

■主な企業

- Lenovo（レノボ）
- DELL（デル）
- 日本ヒューレット・パッカード
- ダイナブック
- アップル

10）電子部品業界

　電子部品は、コンピュータ、パソコン、通信機器、デジタル家電、自動車など、現在はあらゆるデジタル機器に幅広く使用されています。たとえば、コンデンサーやモーターなど使用される機器が多様なため、個別ニーズが高く独特の技術が生かされる業界です。京セラは大手企業の代表とされますが、中堅中小企業の独立系会社が多いのも特色です。

　また、半導体はトランジスタやダイオード、IC、LSIなどですが、コンピュータ・パソコン・モバイル機器や自動車・家電のIT化の広がりにより、全世界的市場になっています。日本の技術は世界でもトップクラスなため、多くの電子機器に使用されてきました。しかし近年は、アメリカや韓国の大手企業の大型投資や、台湾の電子機器の受託製造サービス（EMS）により、日本企業の優位性は薄れています。

　あらゆるモノがインターネットにつながるIoT、5G関連の基地局やデータセ

ンター、工場のオートメーション化、自動運転関連など今まで以上に電子部品のニーズが増えてきています。今後もこうした次世代通信の需要はさらに拡大するものとみられ、電子部品業界に大きな追い風となっています。

■主な企業

- 村田製作所
- 日本電産
- 京セラ
- TDK
- ミネベアミツミ
- 日東電工
- アルプスアルパイン
- オムロン
- キーエンス
- ローム

11) OA機器業界

　OAとは「Office Automation」の略であり、OA機器はオフィスの生産性を高めるために用いられる機器の総称です。経済発展のなかで、事務量が増加、複雑化し、作業の効率化・合理化を図る必要があるからです。

　OA機器業界は、日本メーカーの国際競争力はとても高く、業務用複写機ではキヤノン、リコー、富士フイルムビジネスイノベーション（旧富士ゼロックス）が、家庭用プリンターではキヤノンとセイコーエプソンがシェア争いをしています。先進国では、モノクロ機からカラー機へと買い替え需要が中心となっていますが、新興国地域ではOA機器の新設需要が期待されており、各社販路拡大の方法として、現地の販売会社を買収・協業するなどの動きも出てきています。

■主な企業

- キヤノン
- 富士フイルムビジネスイノベーション
- リコー
- セイコーエプソン
- コニカミノルタ
- ブラザー工業

12) 家電業界

　家電業界でも、解像度を高めた8Kテレビや身に着けるウエラブル端末の開発など、デジタル技術の競争が激化しています。白物家電と言われる冷蔵庫、洗濯機、エアコンなどの国内需要は比較的安定していますが、薄型テレビでは

サムスン・LGなど韓国メーカーとの競争により価格下落が続き、テレビを主力のひとつと位置付けていた各社は業績不振に陥り、事業再編を進めています。今後は円安と価格競争力の回復を受け、中国・インド・ブラジルといった新興国や、現地メーカーのシェアが高かった欧州市場での巻き返しが、各社の家電事業の今後を左右します。

■主な企業

○パナソニック	○ソニー	○三菱電機
○シャープ	○日立製作所	○アイリスオーヤマ

13）工作機械業界

　工作機械は「マザーマシン」と呼ばれ、機械を作る機械です。主な種類としては、マシニングセンター（複数の工具で穴開けや削り、ねじ立てといった加工が一度にできる工作機械）のように刃物工具で削る切削型の加工機のほか、放電加工機、砥石で削る研削盤などがあります。コンピュータ制御による「NC旋盤」、多様な切削加工を行う「MC（マシニングセンター）」は世界的なシェアを確保しています。

　また、産業ロボットは自動車産業などに多く用いられ、溶接、塗装、組み立てなど、すべて自動化された工場で活用されています。ロボットは今後、知能ロボット、遠隔操作ロボットなど産業用以外に警備、介護、エンターテイメントなど幅広い分野での開発が期待されています。この分野においても日本は世界トップ技術を有し、トップシェアを持つことができると思われます。

　工作機械業界はニーズによって多種多様なため、各社それぞれの技術を生かし得意分野を持っています。特色ある機械を生産し、専業メーカーが多いのが特徴です。

■主な企業

○オークマ	○DMG森精機	○ヤマザキマザック
○ファナック	○牧野フライス	○ジェイテクト

14) 自動車業界

　自動車業界では、2009年にビッグ3と言われた米国のクライスラーやGM（ゼネラル・モーターズ）が米連邦破産法11条の適用を申請し、世界中に衝撃を与えたように、自動車市場では先進国の需要が停滞する一方、新興国の需要が急拡大し、市場の重心が先進国から新興国にシフトしています。自動車保有台数を人口100人当たりでみると、先進国ではアメリカ約80台、日本約60台、欧州各国で55〜70台です。中進国のロシアやブラジルなどで20〜40台で、一方、中国は12台程度、インドでも2台程度です。そういった国々での普及の可能性を考えれば、それに伴うグローバル生産体制の再構築、低価格、安全性の確保、為替変動への対応などが急務となっています。

　また、今後の自動車業界は、より安全性能の高い自動運転車、EV（電気自動車）・HV（ハイブリッド車）・FCV（燃料電池自動車）などの環境対応車の開発が不可欠です。日本メーカーは、HV車やFCV車の技術では優位にたっていますが、将来的にはEVへの転換が見込まれる中、EVではアメリカのテスラ社や中国のBYD社が先行し、日本勢は遅れをとっていて巻き返しが期待されます。

■主な企業

- ○トヨタ自動車
- ○ダイハツ工業
- ○日産自動車
- ○三菱自動車工業
- ○本田技研工業（ホンダ）
- ○SUBARU（スバル）
- ○マツダ
- ○いすゞ自動車
- ○スズキ
- ○日野自動車

15) 造船・重機業界

　日本は2000年まで船舶竣工量世界一でした。現在は韓国・中国に抜かれ世界シェア3位です。過剰設備とそれによる船価下落の中で日中韓でのシェア争いになっています。日本の造船・重機メーカーは省エネや環境対応面など高度な技術力に定評があり、高付加価値分野へのシフトにより競争力の確保を図っています。また、造船・重機メーカーは各社の多角化が進み、鉄道車両、航空機エンジン、タービン、原子力など様々な事業を展開しており、総合重機械

メーカーとなっています。

■主な企業
- ○ 三菱重工業
- ○ IHI
- ○ 川崎重工業
- ○ 住友重機械工業
- ○ サノヤスホールディングス

- ○ 三井造船
- ○ 今治造船
- ○ JMU
- ○ 名村造船所

16) 化粧品・トイレタリー業界

　化粧品業界では、従来関係のなかった異業種参入がありました。2008年の富士フイルムの新規参入を皮切りに、他業種からの参入が相次ぎ、競争が繰り広げられています。また、国内メーカーの資生堂、カネボウ化粧品、コーセー、花王などの代表的メーカーと海外メーカーが激しい競争を展開しています。

　特にブランドイメージが重要で、専門的カウンセリングを行い、百貨店やＳ・Ｃで販売される方法、ドラッグストア、スーパーマーケット、コンビニエンスストアでセルフサービス販売される方法、直接ドアツードアで訪問販売される方法、通信販売による方法がありますが、それぞれの商品特性にマッチしたチャネルで販売されています。最近は消費者動向が二極化し、高級ブランドの高額商品購買またはディスカウント商品の購買となっています。

　トイレタリー業界は各衛生用品とシャンプー、家庭用洗剤などです。市場は成熟化し国内外メーカーの競争が厳しくなってきています。化粧品同様、特にCMや販売促進で売れ筋商品や売れ行きが左右されるため、ブランドイメージや広告タレントイメージなどによる差別化が重要となってきています。加えて、容器のデザインやパッケージなども競争要件として重要です。

■主な企業
　《化粧品国内》
- ○ 資生堂
- ○ コーセー
- ○ 花王（カネボウ化粧品）

　《訪問販売》

○ポーラ・オルビスホールディングス　　○ノエビア
《通信販売》
○DHC　　　　　　　○ファンケル
《トイレタリー》
○花王　　　　　　○ユニ・チャーム　　○ライオン

注）
「トイレタリー」とは、英語で化粧や身づくろいを意味するトイレット（toilet）から生まれた言葉です。日本では、スキンケア化粧品やメイクアップ化粧品などをいわゆる「化粧品」と定義しており、それ以外の石鹸やシャンプーといったヘアケア製品、歯磨き粉等のオーラルケア製品、生理用品や紙おむつ等のサニタリー用品を「トイレタリー」と称し、化粧品と区別しています。トイレタリー製品はトイレタリー用品とサニタリー用品に分けることができます。

17）食品・飲料業界

　食品業界は、日清製粉グループに代表される製粉、山崎製パンに代表されるパン、明治ホールディングスに代表されるバターやチーズなどの乳製品、チョコレートなどの製菓、日本ハムに代表されるハムやソーセージなどの食肉加工品、ニチレイに代表される肉・魚・野菜などの冷凍食品、マルハニチロホールディングスに代表される缶詰類の水産品、味の素やキューピー、キッコーマンに代表される調味料など、我々の食生活には欠かせないものばかりです。高齢化や少子化に伴い量的な拡大は期待できませんが、健康志向の高まりに対応したり特定保健用食品といった新しい分野の新製品開発や海外展開に力がそそがれています。

　飲料業界では、低・ノンアルコール化や若者のアルコール離れで需要が減っていますが、お酒の分野では、ビール以外のハイボールやチューハイ、ワイン志向の高まりもあり、また女性の需要が伸びています。清涼飲料分野では、健康志向によりお茶やスポーツ飲料などの特定保健用食品、機能性飲料の需要が伸びています。

■主な企業

- キッコーマン   ○ カゴメ   ○ キューピー
- 日本水産   ○ マルハニチロ   ○ 日本ハム
- 伊藤ハム米久   ○ 山崎製パン   ○ 明治
- 雪印メグミルク   ○ 森永乳業   ○ 味の素
- ニチレイ   ○ JT   ○ 森永製菓
- カルビー   ○ ロッテ   ○ 日清食品
- 日清製粉グループ   ○ 日本コカ・コーラグループ
- サントリー   ○ キリン   ○ アサヒグループ
- サッポロ   ○ ヤクルト本社   ○ 大塚ホールディングス
- 伊藤園

18) 製薬業界

　医薬品業界は現在、世界では100兆円の市場規模を誇り、命を守るという使命を持つだけに景気の変動に影響を受けない堅実産業とも言われています。日本では、高齢化にともなう国民医療費の増加が問題になっています。政府は、その引き下げのため薬価の引き下げやジェネリック医薬品への切り替えを推進しており、医薬品業界は、収益確保のため大きな改革をせまられています。

　薬には医者が処方する「医療用医薬品」と薬局で販売される「一般用医薬品（OTC）」があります。最近では、特許が切れた後に他メーカーが同じ有効成分で製造する「ジェネリック医薬品」も、医療費削減のため認知度が高まっています。

　ジェネリック医薬品は年々シェアを伸ばし、2016年に先発医薬品を抜き去ると、そのシェアを7割を超えるまでに拡大しています。政府が2020年度末までにジェネリック医薬品のシェアを80％以上にするという目標を掲げて、先発医薬品事業者はビジネスモデルの再構築を迫られています。

　日本の医療品市場は、米国に次いで世界第2位の市場規模です。高齢化が進む日本では、特に薬の市場規模が拡大されるため海外企業の進出が激しく、競争が激しくなり大型企業合併が盛んに行われています。また医薬品は開発に年月と多額な投資が必要なため、企業の巨大化傾向が強まっています。がんやエ

イズなどに対する新薬研究がさらに進み、遺伝子操作による方法が研究されたり、発酵技術など特種な技術を持つ異業種からの参入もあります。

　製薬メーカー各社は、特許切れの薬剤事業や中核以外の事業売却、早期退職者を募るなど、コスト削減に乗り出しています。特許が切れた収益性の低い生活習慣病分野から、希少疾患薬など高収益が見込める薬の開発にシフトしています。

■主な企業

　　○ 武田薬品工業　　　　○ アステラス製薬　　　○ 第一三共
　　○ 大塚HD　　　　　　○ 中外製薬　　　　　　○ エーザイ
　　○ 大日本住友製薬　　　○ 興和　　　　　　　　○ 協和キリン
　　○ 小野薬品工業　　　　○ 第一三共　　　　　　○ 大日本住友製薬
　　○ 日本ケミファ　　　　○ ニプロ

（3）作ったものを我々に営業販売する産業、流通小売業界

1）百貨店業界

　百貨店業界は、バブル崩壊後の消費低迷という大きな打撃と、ショッピングセンター、専門店、大手量販店への消費者移行の影響を受け、業績は低迷を続けていました。そのためグループ企業のリストラ、統合、不採算店の閉鎖、そして他社との業務提携などの努力をしています。

　最近では円安株高による富裕層の資産効果や、訪日外国人による高級腕時計や宝飾品・美術品、そのほか服飾関連などの高額商品の購入で売上が伸びています。さらに「デパ地下（デパートの地下）」「デパ屋（デパートの屋上）」のリニューアル、新規建て替えを行い、有名海外・国内ブランド店や様々な専門店をテナントに導入するなど経営改革と差別化、競争力強化を図っています。

■主な企業

　　○ 三越伊勢丹HD　　　　　　　　○ 高島屋

○エイチ・ツー・オーリテイリング
　　○Ｊ．フロントリテイリング（大丸・松坂屋・パルコ）
　　○丸井グループ　　　　　　　　○そごう・西武

2）スーパー業界

　スーパー業界は、セブン＆アイ・ホールディングスとイオングループの２強
体制となってきています。近年の総合スーパーは、衣料品や住居関連分野など
で専門店に押され、苦戦を強いられています。そこで、各社が力を入れている
のがPB（プライベートブランド）商品です。たとえばイオンでは国内最大の
PB商品『トップバリュ』、セブン＆アイ・ホールディングスは『セブンプレミ
アム』を展開しており、従来のナショナルブランドに比べ特色ある商品を展開
しています。

　スーパーの定義というものは存在しませんが、食品スーパーの場合は全体の
売上に占める食品の割合が70％以上と定められています。スーパーの店頭に
は多くの商品が並んでいますが、その多くは普段食べるもので占められていま
す。さらに、青果、鮮魚、精肉などと仕入先が異なる商品でも１ヶ所で買い揃
えられる利便性を併せ持っています。食品スーパーは普段の暮らしを食から支
えている存在なのです。

　「ボランタリーチェーン」と呼ばれる独立した小売業が連携して、共同仕入
れやPB商品の共同開発を行う共同仕入れ機構が大きくなってきています。ま
た、西友を傘下に収めたウォルマート（米）や、会員制の倉庫型店舗のコスト
コ（米）などの外資系流通に加え、主要スーパーに出資している総合商社な
ど、今後も更なる業界再編もありうるといえます。

　また、食品や日用品をインターネット上で注文を受け、自宅に配送するとい
うネットスーパーの市場が拡大しています。イトーヨーカドー、イオン、西友
などのスーパーが拡充を進めており、パソコンまたはスマートフォンの専用サ
イトで注文し、自宅や指定の場所で受け取ることができるサービスです。商品
価格は基本的に店頭価格と同じで、即日配送にも対応しています。

■主な企業

○セブン＆アイ・ホールディングス　　○イオン　　○イズミ
○ユナイテッド・スーパーマーケット・ホールディングス（カスミ・マルエツ）
○ライフコーポレーション　　○バローホールディングス
○アークス　　○平和堂　　○ヤオコー　　○ユニー

3）コンビニ業界

　大手が中小コンビニを経営統合することによって、コンビニ業界は業界首位のセブン-イレブンからローソン、ファミリーマートの上位３社で９割のシェアを占めています。また、今やコンビニ業界の売上高は、百貨店を抜いてスーパーに近づき、国内では５万店を超えました。

　こうした中、淹れたて作りたてを提供する店内調理やコーヒーサーバーの設置をしています。また、PB（プライベートブランド）商品の強化に乗り出しています。セブン-イレブンは『セブンプレミアム』、ローソンは『ローソンセレクト』、ファミリーマートは『ファミマル』などを展開しています。PB商品は、各コンビニチェーン独自にラインアップでき、メーカーからへの大量発注によるコスト削減や高品質化により、低価格で高い利益率を出せることも特徴です。日用雑貨やスイーツ、お酒や清涼飲料、惣菜や調味料など幅広いPB商品をラインアップさせ、品質向上と品ぞろえによる差別化を図っています。都市部では高齢者や一人暮らし利用者のために、小分けした野菜や生鮮食品の品ぞろえや、宅配サービスといった差別化も図っています。

　また、日本国内市場が飽和し、人手不足で24時間経営が難しくなったり人件費の高騰で経営が圧迫される中で、人口の増加や経済成長により市場拡大が期待される、海外への展開を加速させる動きも見逃せません。

■主な企業

○セブン-イレブン・ジャパン　　○ファミリーマート
○ローソン　　○ミニストップ
○デイリーヤマザキ　　○セイコーマート

4）アパレル業界

　アパレルとは衣料品のことで、テキスタイル会社から生地を仕入れ、衣料品を企画・デザインして生産します。特に毎年流行があり、一つ間違えると流行に遅れ、大失敗に陥ります。衣料品にはアウター（上着）とインナー（下着）があり、素材をはじめカラー、デザイン、価格など、対象層に適したものを生産しなければなりません。そのため、特に自社ブランドを持つか持たないかは、企業の命運を左右するといえます。

　総合的にコスト低減も図らなくてはなりません。そのため、ファーストリテイリング（ユニクロ）に代表される「SPA（製造小売業）」、すなわち自社ブランドを持ち、素材開発、調達、企画製造、物流、販売、在庫管理、顧客管理まで一貫して、すべてを自社で行う方法が重要戦略として行われています。したがって今後アパレル業界は、流行や競争に対するマーケティングを含め、SPAなどトータルな経営体制を築けるかが課題となります。

　※SPA（Speciality store retarler of Privo-telo-bel Aparel）

■主な企業

- ○ファーストリテイリング
- ○しまむら
- ○ワコール
- ○オンワード
- ○AOKI
- ○アダストリア
- ○青山商事
- ○TSI

5）専門量販店・ディスカウントストア業界

　専門量販店・ディスカウントストア業界は、長引いたデフレ経済のもとで消費者の支持を受け、ブランド力や経営総合力のある企業の伸びが目立っています。専門量販店、ディスカウントストアとも、独自の経営戦略が競争に勝ち抜くポイントとなってきました。デパートや駅ビル、ショッピングモールなどへの出店も盛んで、大型化してコアテナントになるなどの実力を示しています。

　家電量販店分野ではヤマダデンキが売上高1兆円を超え、ヨドバシカメラは東京秋葉原に、ビックカメラは有楽町などに大型出店と拡大化を図りました。

　ドラッグストア業界では、市場は飽和状態という指摘もあるものの、新規出店とM&A、高い品質の化粧品やトイレタリー製品を買い求める訪日外国人の

増加により、各チェーンの売上高は増加し成長が続いています。

　ホームセンター業界では、スーパーやドラッグストアチェーンなどとの競争が激しく、市場規模は伸び悩んでいます。そのため、購買力やPBの開発販売コストなどでスケールメリットがきくことから、M&Aによって成長したDCMホールディングスを中心に寡占化が進んでいます。

　総合ディスカウントストアとしてはドン・キホーテが、消費者の好奇心を刺激する陳列方法などで売り上げを拡大してきました。また、他社と価格で競合することを避ける目的から、総合ディスカウントストアではなく、家具やブランド品などに分野を絞りカテゴリーキラー的な要素を持ったディスカウントストアや、安価な雑貨を中心とした100円ショップの出店も増えており、今後はこうした専門色を強くした、また商品的な魅力も盛り込んだ新しいアピールが活発になることが予想されます。

■主な企業
　《家電量販店》
　　○ヤマダデンキ　　　○エディオン　　　○ラオックス
　　○ケーズデンキ　　　○ビックカメラ　　○ノジマ
　　○上新電機　　　　　○コジマ
　《ドラッグストア》
　　○マツモトキヨシ　　○ウエルシア　　　○ツルハ
　　○サンドラッグ　　　○コスモス薬品　　○スギ薬局
　《ホームセンター》
　　○ニトリ　　　　　○DCMホールディングス　　　○コメリ
　　○コーナン　　　　○カインズ
　《ディスカウントストア》
　　○ドン・キホーテ　　　○トライアルカンパニー
　　○大創産業（ダイソー）　○セリア　　　　　　　○キャンドゥ

6）通信販売業界

　通販販売業界とは、小売業態のうちの無店舗販売の一つで、店舗ではなく、

メディアを利用して商品を展示し、メディア経由で消費者から注文を受け、商品を販売する業種です。

　通信販売業界は、インターネットの普及により、カタログ通販からインターネット（モバイル）通販が主流となり、インターネット通販市場は年々拡大傾向にあります。かつて、カタログ通販で主力だった衣料品に加え、化粧品、健康食品、さらに大手スーパーがネットスーパーに参入するなど、利用者のすそ野も広がり、これからも成長が見込まれています。

　通信販売には、買い物の時間や場所の制約がない、重いものを運ばなくて済んだり、遠隔地からの取り寄せができるといった便利な点があります。加えてネット上ではより多くの種類の商品やより安いお店を検索できるなどのメリットがあるため、カタログ通販からネット通販への乗り換えだけではなく、これまでリアル店舗で購入していたものをネットで購入するようになるという消費者の購買行動の変化が生じ、今後さらに拡大するものと思われます。

　幅広い顧客にさまざまな商品を紹介しているのが総合型で、ニッセン、千趣会、ベルーナ、ディノス・セシールなどが代表的な企業です。専門型は、特定の顧客に独自性の高い商品を紹介しています。アスクル、たのめーる、モノタロウなどが代表的です。

　テレビ通販には、ジャパネットたかた、ショップジャパンなどがあります。

■主な企業
　《インターネット系／Eコマース》
　　○楽天　　　　　　　　○LINEヤフー　　　　　○アマゾン
　《カタログ系》
　　○ニッセンホールディングス　○千趣会　　　　○フェリシモ
　　○ディノス・セシール　　　○ベルーナ　　　　○スクロール
　《専門型、オフィス・ビジネス系》
　　○アスクル　　　　○大塚商会（たのめーる）　○モノタロウ
　《テレビ系》
　　○ジャパネットたかた　　　○ショップジャパン

（4）モノ以外で我々の社会生活を便利で豊かにするためにいろいろなサービスを提供する産業、サービス・レジャー業界

1）フードサービス（レストランチェーン）業界

　少子高齢社会の到来により、市場規模は縮小傾向にあります。外食需要は減少し、食品偽装や異物混入などによる食品に対する安全性や信頼性への意識の高まりを受け、厳しい環境にあります。また、中小事業者が新規参入し易い業界であることもあり、参入競争の激化や市場の変化に対応できるよう多角化戦略を施行しています。不採算店舗の閉鎖や業態転換、大規模改装、宅配事業への参入、企業間Ｍ＆Ａなど、生き残りをかけた取り組みを行っています。

■主な企業
　《ファミリーレストラン》
　　○すかいらーく（ガスト・バーミヤン・ジョナサン）
　　○ロイヤルホールディングス（ロイヤルホスト）
　　○サイゼリヤ（サイゼリヤ）
　　○セブン＆アイ・フードシステムズ（デニーズ）
　《ファストフード》
　　○日本マクドナルドホールディングス
　　○日本ケンタッキー・フライド・チキン
　　○モスフードサービス
　《すし》
　　○カッパ・クリエイト　　　　　○くらコーポレーション
　　○あきんどスシロー　　　　　　○銚子丸
　《居酒屋》
　　○モンテローザ　　　　　　　　○コロワイド
　　○ワタミフードサービス　　　　○大庄
　《牛丼》
　　○すき家　　　　　　　○松屋フーズ　　　　　　○吉野家

《焼肉》
　○牛角　　　　　○安楽亭　　　　○あみやき亭　　　　○焼肉きんぐ
《コーヒー》
　○ドトール　　　　　　　　　　　○タリーズコーヒー
　○スターバックス・コーヒー・ジャパン　　○星乃珈琲店
《中食》
　○プレナス　　　　　　　　○オリジン東秀
　○ハークスレイ　　　　　　○ロックフィールド

2）旅行業界

　旅行業界は、海外旅行と国内旅行に対し、航空チケット・乗車チケット・ホテル予約・観光企画案内などのサービスを総合的に提供しています。国内外ツアーを扱うことのできるJTBや近畿日本ツーリストなど「第一種旅行業者」とその販売を代理する「旅行業者」があり、価格競争が激しく低利益率が課題となっています。

　インターネットは旅行業の機能や役割を大きく変えてしまいました。旅館、ホテルなどの観光施設や、交通機関などの情報を旅行者自らが、いつでも無料で手に入れることができるようになりました。そして、旅行会社を介さなくても、旅行の手配まで旅行者自らで行うことが可能になりました。つまり、航空券やホテル旅館などのサプライヤーも、旅行者に商品を直接販売できるようになったということでもあり、今まで旅行会社が担っていた手配や仲介といった業務の必要性の低下を招いています。

　政府は、2007年より施行された観光立国推進基本法に基づいて、2012年に東日本大地震からの復興も考慮に入れた「観光立国推進基本計画」を閣議決定し、訪日外国人旅行者数2000万人を目標に掲げてきました。そして、2015年に訪日外国人旅行者数2000万人を達成しました。

　コロナ禍によって大きな打撃を受けた旅行業界ですが、2023年の訪日客旅行消費額は5兆円を超え過去最高であり、訪日客数も2500万人を超えてコロナ禍前（2019年）の8割に回復しています。円安も加わり、インバウンド需要によってますます成長が加速するでしょう。

■主な企業

○JTB	○KNT-CT	○エイチ・アイ・エス
○日本旅行	○阪急交通社	

3）レジャー業界

　「コト消費」の広がりを受け、レジャー市場は好調に推移してきました。訪日外国人の増加や一人当たりの単価も上昇基調となり、レジャー施設業界には勢いがありました。このようことから、各企業は施設のリニューアルや新規アトラクションの導入、新たな直営ホテルの建設に着手してきました。東京ディズニーリゾート、関西のユニバーサル・スタジオ・ジャパンなどのテーマパーク、東京ドームシティや富士急ハイランドといった遊園地、近年では動物の見せ方に独自の工夫を凝らした北海道の旭山動物園なども有名です。また最近では、都心型の「食」と「癒し」をテーマにした大型スパリゾートなど、子供も大人もみんなでゆっくりリフレッシュし、楽しめるものが人気です。従来の観光型レジャー施設ではなく、身近で安くて気軽に楽しめる、スポーツ・カラオケ・近郊型スパ施設などが各地に出店され、今後も大きく期待されています。

■主な企業

- ○オリエンタルランド（東京ディズニーリゾート）
- ○USJ（ユニバーサル・スタジオ・ジャパン）
- ○東京ドーム（東京ドームシティアトラクションズ）
- ○ハウステンボス　　　　　○富士急ハイランド
- ○大江戸温泉物語　　○ラウンドワン　　　○極楽湯

4）ホテル業界

　ホテル業界は宿泊客の受け入れ、宴会や結婚式、パーティ、セミナーなどの催し物のサービスを行っていますが、コロナ禍の影響を受け一時は宴会、パーティなどが減少し収益に大きく影響を与えました。
　政府のインバウンド政策による訪日外国人観光客の増加によって、ホテル業界には追い風が吹き、多くの外国人が日本を訪れることを想定して新規開業が

続いていますが、人手不足も深刻になっています。

　都心部やリゾート地では大手外資系高級ホテルが進出し、競争は激化しています。そこでホテル独自のイベントやスパ・エステ施設を併設したり、IT設備を整え、大型セミナーやビジネスコンベンションなどに利用できる環境を整備する対策を図っています。また、シティホテルやビジネスホテルも、食事部門のサービスを充実させたり、大浴場設備やエステサービスを取り入れるなど、出張族や海外からの利用者に「食」と「癒し」のサービスを提供し、集客力向上を図っています。

■主な企業
　　《国内系》
　　　○西武HD（プリンスホテル）　○リゾートトラスト　○帝国ホテル
　　　○アパホテル　　　　　　　　○ホテルオークラ　　○ルートインジャパン
　　　○ホテルニューオータニ　　　○東横イン　　　　　○藤田観光
　　　○東急ホテルズ　　　　　　　○阪急阪神ホテルズ　○星野リゾート
　　《外資系》
　　　○マリオット　　　　　　　　○インターコンチネンタル
　　　○ヒルトン　　　　　　　　　○ハイアット

5）マスコミ業界
①新聞業界

　新聞には、朝日新聞、読売新聞、日本経済新聞、毎日新聞、産経新聞の全国紙と、中日新聞などの地方紙、日経産業新聞、日経流通新聞など業界専門誌があります。収益源は購読料や広告料となっていますが、新聞市場はほぼ飽和状態で、若者層の活字離れにより購読者数は減少しています。最近はインターネットの大手ポータルサイトへの記事提供料や、タブレット端末・スマートフォンなどで読めるデジタル版の新聞とその広告料などが、新たな収益をもたらしています。

　活字ばなれした若者に訴求するという観点からも、これまでの紙媒体から、デジタル版だけでなくスマートフォンアプリでの配信など、購読の仕方やツー

ルも変わっていくと思われます。

■主な企業
《全国紙》
　○ 日本経済新聞　　　　○ 朝日新聞　　　　　○ 読売新聞
　○ 毎日新聞　　　　　　○ 産経新聞　　　　　○ 中日折聞

②出版業界
　書籍・雑誌の販売高は、1996年をピークに減少傾向が続いています。そこ
で、印刷業界大手の大日本印刷は大手書店の丸善、ジュンク堂、取次会社の図
書館流通センターなどを相次いで傘下にし、2009年には主婦の友社、中古書
販売最大手のブックオフにも出資しています。また、印刷業界大手の凸版印刷
も大手書店の紀伊國屋書店と業務提携し、印刷業界大手2強が書店、出版へと
勢力を拡大しています。既存出版物の需要が減少する中、こうした業界の業績
を支えているのがベネッセ、ぴあ、カドカワなど出版物以外に強みを持つ企業
です。ベネッセは通信教育『進研ゼミ』、ぴあは情報・チケット販売、カドカ
ワは既存出版物にとらわれないクロスメディアコンテンツの提供を展開してい
ます。既存出版物の売上げ減少は続くものと予想され、出版業界に大きな変化
が押し寄せています。
　今後はタブレット端末やスマートフォンの普及により、電子書籍市場の成長
が見込まれますが、この市場への対応いかんで既存企業の存続も左右されるこ
とが予想されます。

■主な企業
　○ 集英社　　　　　　○ 講談社　　　　　　○ カドカワ
　○ 小学館　　　　　　○ 日経BP　　　　　　○ ゼンリン

③放送業界
　放送業界は、NHK、日本テレビ、テレビ朝日、TBS、テレビ東京、フジテ
レビなどの全国局と地方の中継局などの「地上波放送」、WOWOWなどの

「BS放送」、スカイパーフェクトTVなどの通信衛星放送による「CS放送」、さらにJ：COMなどのケーブルテレビ「CATV」などに分かれています。2000年にBSデジタル放送がスタートし、2011年6月には地上波放送もデジタル放送に切り換えられました。しかし世帯視聴率が低下傾向にあり、低下に伴い広告収入も減少するという悪循環に陥っています。デジタル化に伴うインターネットとの融合により、視聴者と双方向の番組ができるほか、放送局の番組コンテンツをインターネット配信でき、これまでにない新たな魅力ある放送サービスが始まっています。今後は多様化する視聴者ニーズに、マスメディアとしてのポジショニングをより鮮明に打ち出すことが重要となるでしょう。

■主な企業
《地上波》
　○日本放送協会（NHK）　　　　○東京放送ホールディングス（TBS）
　○日本テレビホールディングス　○テレビ東京ホールディングス
　○テレビ朝日ホールディングス　○フジ・メディア・ホールディングス
《ケーブルテレビ》
　○ジュピターテレコム（J：COM）
《CS》
　○スカパーJSATホールディングス
《BS》
　○WOWOW

④広告業界
　広告は、テレビ、新聞、電車の中、街中の看板、映画の予告編、そしてインターネットや携帯電話といった生活のありとあらゆる場所に存在しています。その広告を考案、制作し、テレビやインターネットといったメディアに掲出する役目を果たすのが広告業界です。
　広告業界は電通や博報堂に代表され、TV、新聞、雑誌、ラジオ、インターネットなど様々なマスメディアに対し、広告主との間に立ってテレビCM、ポスター、Web広告、雑誌広告などの企画制作を行います。現在は国際的にピ

ジネスが広がり、外資との提携によって国際的な広告戦略まで企画しています。特に今後期待されるのはインターネット広告で、2009年に新聞広告を抜いてテレビに次ぐ第2位の媒体になりました。ブロードバンド化による動画音声を用いた広告ができるようになったため、急成長を続けています。

　また、各種イベント・キャンペーンなどのセールスプロモーションにも力を入れ、広告と店頭イベントなどの連携、広告とキャンペーンの連動による企業業績向上に貢献しています。

　広告業界のなかで最も大きな課題となっているのが、急成長を遂げたインターネットと広告をどう融合させていくかということです。近年において広告会社の多くが再編や統合を行なったのも、それに対応するためと言っても過言ではありません。テレビという最強のメディアが請求力を落とす一方で、インターネット市場は拡大を続けています。消費者という存在も変化し、消費者自身が情報を発信して消費の動向を左右するまでになっています。インターネットを活用して消費者とのコミュニケーションをいかに取るのか、インターネットでの集客や販売はどうすればいいのか、SNSはどう使っていくべきなのか、広告業界は多様化する広告主のニーズに応えていかなくてはいけません。

■主な企業
　　○電通　　　　　　　　　　　　○東急エージェンシー
　　○博報堂DYホールディングス　　○リクルートホールディングス
　　○読売広告社　　　　　　　　　○アサツーディ・ケイ

⑤印刷業界
　一般消費者や企業を相手にした紙媒体の印刷を核としつつも、長年培ってきた印刷技術を応用することで、書籍や雑誌の電子販売といった電子コンテンツ事業、IT（情報技術）を使った販促サービス、企業の事務処理受託事業といった印刷の周辺領域にも事業を拡大するなど、印刷業界は業界全体で常に新たな戦略を構築し続けている業界です。

　日本の印刷業界は、大日本印刷と凸版印刷の2強体制です。売上高や企業規模の面で追随できる企業は今のところなく、現実的に寡占状態となっていま

す。印刷業界の市場規模はインターネットの普及、電子書籍化による印刷物離れ、インターネット通販によるカタログやパンフレットなど商業印刷物の減少により、1999年から縮小が続いています。そこで凸版印刷は版下のデジタル化や、液晶テレビ用カラーフィルターの開発製造などエレクトロニクス分野に進出しています。一方、大日本印刷は中古書販売最大手のブックオフへ出資したり、書店、取次店を子会社化するなど新たな収益モデルの確立を模索しています。

■主な企業
　　○ 大日本印刷　　　　　　　　　○ 凸版印刷

6）商社・卸業界

　商社業界は、三菱商事、三井物産、住友商事、伊藤忠商事、丸紅など旧財閥系に代表される「総合商社」と、医療品や食品、機械、繊維、金融、化学、燃料など専門分野の原材料、製品、商品を扱う「専門商社」で成り立っています。

　世界経済の好不況の影響を受けやすい業界ですが、最近は世界経済の回復にともない各社の業績も上向いています。特に新興国や東南アジアでのプラント建設などに伴う大型プロジェクトの活発化により、役割が増しています。それによって原材料、自動車、電気製品、機械類の輸出入も好調です。単に輸出入の卸売り機能だけでなく、IT通信業界や流通業界、サービス業界など成長産業分野の企業に積極的投資を図り、M&Aなどを数多く手がけ、巨額な資本をバックに企業支配や提携を通してグループ強化を行っています。

　大手総合商社は国内外でのあらゆる分野で卸売り機能、情報機能、金融機能を合わせ持ち、輸出入で世界の経済大国・貿易立国日本特有のものといえます。商社はあらゆるものを取り扱う、かつては「ラーメンからミサイルまで」と表現されました。

　専門商社は、総合商社の事業部や専門分野のメーカー・問屋が独立したものが多く、金属、鉄鋼、食料品、エレクトロニクス、化学、機械、医療品など各分野で、豊富な情報力、専門知識、ノウハウや技術を生かし世界市場に向けて

必要な原料、製品、商品を取り扱い、独自の強さを持っています。

■主な企業

《総合商社》

○三菱商事　　　　　　○三井物産　　　　　　○伊藤忠商事

○住友商事　　　○丸紅　　　○豊田通商　　　　○双日

《専門商社》

○阪和興業　　　　　　○国分グループ本社　　○メディパルHD

○アルフレッサHD　　○メタルワン　　　　　○マクニカHD

7）シルバービジネス業界

　2007年から団塊の世代の人たちが60歳を迎え、日本は高齢社会に突入しました。2050年には65歳以上の人口が3分の1以上を占め、まさにシルバーマーケットが拡大します。介護保険制度が2000年に施行され、65歳以上で介護が必要だと判断されたお年寄りには介護サービス費用が国から支給されることになり、介護サービスを含め各種のシルバービジネスが発展しています。

　たとえば、施設でいえば特別養護老人ホーム、老人保健施設、有料老人ホーム、シルバーマンションなど、老人用福祉機器では介護ベッド、補聴器、電動椅子、介護トイレ、大人用おむつなど、介護サービスではホームヘルプサービス、訪問入浴サービス、デイサービス（通所介護）、ショートステイ（短期入所介護）などがあります。また、高齢者向けの商業施設、アミューズメント施設などのバリアフリー化や音声設備、エレベータ設備などの企画開発、さらには健康のための食品、栄養剤、サプリメント、化粧品そして資産形成・管理のための金融や保険、シルバー向けの旅行、フィットネスクラブ、教養スクール、趣味講座、情報誌などのシルバー生活を豊かにするものなどのビジネスも挙げられます。

　このように、シニアの生活を援助・支援するビジネスが企画開発され、シルバー市場・シルバービジネスとして大いに期待されます。

■主な企業
《総合》
○ ニチイ学館
《訪問介護・通所介護中心》
○ ツクイ　　　　　　　　　　　○ ジャパンケアサービスグループ
○ メディカジャパン　　　　　　○ セントケア・ホールディングス
《有料老人ホーム》
○ ベネッセスタイルケア　　　　○ ベストライフ
○ メッセージ　　　　　　　　　○ ワタミの介護
《介護用品》
○ パラマウントベッド　　　　　○ フランスベッドホールディングス

8）教育、人材ビジネス、コンサルティング業界
①教育業界
　教育業界は、小・中・高校生を対象とした進学向けと、キャリアアップを目的とした社会人向けの2つに大きく分けられます。

　進学向けの教育業界については、少子化の加速や大学全入時代を迎えて、推薦入試・総合型選抜（旧AO）入試で早い時期に大学入学を決める高校3年生が増加するなど、大学受験率の低下により大学受験中心の大学受験塾・予備校の業績が低迷しています。それに対し、受験戦争の低年齢化が顕著となっており、小・中学校受験が増加傾向にあります。

　その一方で、出生率の低下による少子化は避けられないために、通塾者の獲得競争は今後より一層激しさを増すことが予想され、生き残りをかけた差別化や業界再編などが起こる可能性が高い状況です。また、現役学生が専門学校に通うダブルスクールの需要も高く、受講生が好きな時に受講したり苦手科目を重点的に復習できるe-ラーニングやビデオ・オン・デマンドの需要も高まっています。

　働き方改革による残業削減や、リカレント教育・リスキリングなど、社会人向けの学習の場の需要が増え、ビジネス英語や資格取得などニーズが増えています。高齢者を対象とした生涯教育、カルチャーセンター、趣味、お稽古、通

VI. 日本の経済、産業の特色 ／2 日本の産業構造～日本の主な業種・業界構造～

信教材なども好調です。

■主な企業
- ○ベネッセ　　○学研ホールディングス　○ヒューマンアカデミー
- ○TAC　　　○ナガセ　　　　　　　○リソー教育

②人材ビジネス業界

　人材ビジネス業界は、バブル崩壊後企業のリストラや経営改善のため、人件費の効率化を求め雇用の多様化により発展してきたといえます。好不況といった景気の影響を強くうけ、また派遣業者はすべて国の許可を得なければならないなど労働者保護のための法律の影響を強く受ける業界です。

　現代のめまぐるしく変化する経済環境や市場環境に対応するためには、経営のスピード化、タイミングが特に重要なため、必要な人材は社内調達だけではおぼつかず、外部の専門人材に委託することが重要となってきました。そこで盛んになったのはIT、エレクトロニクス、情報処理分野です。特にシステム開発のためにSE、プログラマーなどが大量に必要なため、外への業務委託（アウトソーシング）や人材派遣による対応を余儀なくされました。今後の情報化時代に対応するためには、多くのIT技術者が不足しているといわれます。日本国内だけでは需要に対応できず、海外からの外国人技術者の派遣も盛んになっています。

　当初は限られた仕事に限って人材派遣は認められていましたが、人手不足によるニーズの拡大や規制緩和により、今では事務スタッフ、ITエンジニア、その他エンジニア、経理、人事、法務スペシャリスト、営業、販売、製造員、看護師、介護ホームヘルパーなど多分野での派遣が専門的に行われ、今後も成長が期待されます。また、プロの人材を求める場合、人材紹介サービスを行う人材紹介業もインターネットの活用により、サービス機能が充実し事業拡大をしています。

■主な企業
- ○リクルートHD　　　　○パーソルHD　　　　○アウトソーシング

○パソナグループ　　　　　　　○テクノプロHD　　　○UTグループ

③コンサルティング業界

　コンサルティング業界は、経営課題を解決するため専門家により総合的指導
をする分野です。この分野は専門性が高く要求されるため、専門分野により次
のようなコンサルティング会社があります。

　　・経営戦略課題に対するコンサルティング

　　・財務会計（上場に関する）に対するコンサルティング

　　・ITシステムに対するコンサルティング

　　・人事に対するコンサルティング

　　・市場調査・分析・研究に対するコンサルティング（シンクタンク）

　最近では、海外展開の販路拡大やグローバル人材の活用に関する需要が増加
しています。

　世界的にグローバル化が進んだことで、コンサルティング業界には新たな課
題が浮上しました。それは、海外企業との付き合い方です。海外企業を顧客と
した場合や、海外企業との合併、現地法人に関する問題や海外人材の採用な
ど、コンサルティングをしていく上で、対応しなければならない事例が大幅に
増えたのです。今後、グローバルな問題や課題にいかに立ち向かっていくのか
が、コンサルティング業界・企業が生き残る鍵となるでしょう。

■主な企業
　　《戦略系》
　　　○マッキンゼー・アンド・カンパニー　○アクセンチュア
　　　○ボストン・コンサルティング　　　　○A.T.カーニー
　　《総研系》
　　　○野村総合研究所　　　　　　　　○みずほリサーチ＆テクノロジーズ
　　　○三菱総合研究所　　　　　　　　○日本総合研究所
　　《ITベンダー＆事業会社系コンサルティング業界》
　　　○フューチャーアーキテクト　　　○PWCコンサルティング
　　　○アビームコンサルティング　　　○デロイトトーマツコンサルティング

《日系／そのほか》
　　○船井総合研究所　　　　　　　　○タナベ経営

④ゲーム業界

　ゲーム業界では任天堂の『wii』や『ニンテンドーDS』といったハードの登場により、「学習」「料理」「美容」など、これまでのゲームソフトの枠を超えたジャンルや発想のタイトルを続々と投入し、今までゲームの親しみのなかった世代や層を取り込むことに成功しました。一気にゲーム人口が拡大し、ライトユーザー向けソフトウェアの市場が伸長しています。

　今後は、ネットワーク型サービスの拡大が進んでいくとみられています。各社の新型ハードにはインターネットとの接続機能が標準装備されており、ソフトのダウンロード販売やSNSなど新たな活用方法が広がりつつあります。オンラインゲーム市場の成長は今後も大いに期待できます。スマートフォンで利用できる、モバイルゲーム市場が盛況です。

　さらに、急速に発展している「eスポーツ(エレクトロニック・スポーツ)」では、高額の賞金の大会開催や各種ソフト会社がしのぎを削っています。

■主な企業

　　○ソニー　　　　　　　　○任天堂　　　　　　　○バンダイナムコ
　　○ネクソン　　　　　　　○スクエアエニックス　○セガサミー
　　○サイバーエージェント　○コナミ

5．産業全体、社会全体が進歩発展していくために必要不可欠なお金の運用に対する産業、金融業界

　金融業界というものが具体的にどの範囲までを指しているのか、明確には答えにくいのではないでしょうか。ひとえに金融業界と言っても様々な分野がありますが、金融業界というのは銀行、証券、損害保険、ローン・消費者金融、クレジットカード、リースに大きく分けることができます。

　1990年代に起こった金融ビッグバンという業界の規制緩和によって、それ

以降大きく業界の様相が変わりました。金融ビッグバンというのは、世界的に金融業界の自由化を求める声のもと、日本でも金利や各種手数料、資金の国をまたぐ移動などを自由化し、業界各社が独自にサービスを設定できるように制度を緩和したものです。金融ビッグバンによって、業界各社が自由にサービス料金を決めることができるようになっただけでなく、銀行、証券、保険などの各分野の垣根を越えて、銀行が証券や保険を販売することができるようになったことも非常に大きな変化となっています。

　また、持ち株会社によって、グループ会社を傘下に持つことが許されるようになったことを受けて、メガバンクはメインであった銀行業以外にも信託銀行、リース、消費者金融、証券などの会社を傘下に置いて、いまや一大金融会社としての運営をしています。

　昨今の金融業界はフィンテック（Fin Tech）という、金融（Finance）と技術（Technology）を掛け合わせることによって、最新のサービスとテクノロジーを利用者に提供しよう、という動きが非常に活発になっています。ソニー銀行や楽天銀行などに代表される、ネット銀行といわれる店舗展開を極力抑えた、インターネットでの取引をメインとした銀行が台頭してきています。

１）銀行業界

　銀行業界は、都市銀行（都市銀）、地方銀行（地銀）、第二地方銀行（第二地銀）、信託銀行、信用金庫（信金）、信用組合（信組）があります。バブル崩壊に大打撃を受け、公的資金の導入（税金）や破綻が見られもしました。

　銀行ビジネスは本来、間接金融が中心で預金者から預かったお金を貸付けで利息を取り、預金者に利息を払いその差益でビジネスをする仕組みですが、近年は自ら成長産業・ベンチャー産業に投資したり、Ｍ＆Ａへの支援、海外への進出投資を図っています。本来、融資は不動産を担保として行いますが、ビジネスモデルや在庫商品、売掛債権など新しい担保資産によって融資を行うなど、ストック型からフロー型への融資を強化しています。さらに、規制緩和により投資信託や保険商品を取り扱うことができるようになったため、個人顧客に対する取引を促進するためリテール部門を設け、個人の富裕顧客の獲得に力を入れています。またファイナンシャルプランナーにより個人の資産管理を含

め、プライベートバンキング（PB）を強化しています。

　都市銀は統合により大きく３大メガバンクグループとなりました。三菱東京UFJフィナンシャル・グループ、三井住友フィナンシャルグループ、みずほフィナンシャルグループです。いずれにしてもメガバンク（巨大総合金融会社）により、証券金融、保険金融、クレジットカード（信販金融）、消費者金融の再編が促進されました。

　地方銀行は地場の中小企業や個人を対象に取引を行っていますが、メガバンクの再編がようやく終わり、地域格差、経営力がまちまちな地銀の再編が進められています。地銀は地域により回復に差がありますが、全体では中小企業融資がなかなか進まないため、大企業向けのシンジケートローンや住宅ローン、無担保ローンに力を入れています。規制緩和により、ATMの利用手数料を主な収益源とするセブン銀行、インターネットによる住信SBIネット銀行など新しい形態の銀行が参入、成長し、利用者にとって便利な様々なサービスが提供されています。

　世界を見ると、情勢はリアルタイムで変化しています。近年はグローバル化の波が押し寄せており、銀行業界としても業界全体の成長を実現するためには、グローバル化を推進する必要があります。前述したとおり、大手企業は海外への進出を推進しており、これらの動きがロールモデルになり、銀行業界を構成する他の会社にも浸透していくことが期待されています。

■主な企業

○三菱東京UFJ銀行	○三井住友銀行	○みずほ銀行
○りそな銀行	○横浜銀行	○千葉銀行
○三井住友信託銀行	○セブン銀行	○ゆうちょ銀行
○住信SBIネット銀行	○京都中央信用金庫	○城南信用金庫
○大東京信用組合		

2）証券業界

　証券業は公開企業、上場企業が市場から資金を調達するために発行する株券や社債を売買するための仲介業を行い、売買委託手数料を得ています。またそ

の他、株式の引受（企業の資金調達支援）をしたり自分でも自己資金で株式や
社債を売買し、手数料・売買益を得ています。最近ではシニア層や富裕層の多
い「店頭型」よりも、インターネットを活用し、個人が小額（小口）でも株式
の売買ができるようになり、「ネット証券」各社が成長し拡大しています。ス
マートフォンからも手軽に、また投資家層を広げるため少額から、手数料も安
く取引できるようになっています。

　リーマンショック以降、国内外の大手証券会社を国際的な大再編の波が襲い
ました。国内最大手の野村ホールディングスが、破綻したリーマン・ブラザー
スのアジア・欧州部門などを事実上買収しています。2009年5月には、みず
ほフィナンシャルグループ傘下のみずほ証券と新光証券が統合し、新「みずほ
証券」が誕生しました。また、2009年10月には三井住友フィナンシャルグ
ループはシティグループから日興コーディアル証券、日興シティグループ証券
の事業を買収・業務提携し、2011年4月から「SMBC日興証券」が誕生しま
した。

　さらに2010年5月には三菱UFJフィナンシャル・グループが傘下の三菱
UFJ証券とモルガンスタンレー日本法人を統合し、「三菱UFJモルガン・スタ
ンレー証券」となっています。

■主な企業
　　○野村証券　　　　○大和証券　　　　　○SMBC日興証券
　　○みずほ証券　　　○三菱東京UFJモルガン・スタンレー証券
　　○東海東京証券
　　《ネット証券》
　　○SBI証券　　　　○楽天証券　　　　　○マネックス証券
　　○auカブコム証券　○松井証券

3）保険業界

　保険には、「第1分野」の病気・けがで入院または死亡した場合の生命保険
と、「第2分野」の自動車や住宅、建物、工場などが事故や災害にあった場合
の保険で、自動車損害保険や災害保険などがあります。保険会社もバブル崩壊

で銀行や証券会社と同様、大リストラや合弁など生き残りをかけた再編が行われ、ようやく再生しました。規制緩和も行われ「第3分野」といわれる、がん保険、医療保険、介護保険、所得補償保険などが解禁されました。このため海外からの大手保険会社や他分野からの新規参入が続き、第3分野の成長が期待されるため、競争が激化しています。

　損害保険においては、2010年4月にMS＆ADインシュアランスグループホールディングスとNKSJ（現SOMPO）ホールディングスが誕生したことで、東京海上ホールディングスと合わせて「3メガ損保」体制に移行しました。自動車や住宅の販売低迷による影響など、国内市場は縮小傾向です。そこで、各社今後はアジアなど新興国への海外展開が成長戦略のカギを握っています。

　生命保険では、人口減とインターネット専門生命保険会社、保険ショップ、乗り合い型保険代理店などの登場により、販売手法が大きく変化しています。

　日本では、総人口が減少し少子高齢化が進むなかで、保険加入の中核層となる30～40歳代の人口が縮小することが見込まれています。たとえば、損害保険業界にとっての主力商品である自動車保険も総契約数が減少傾向にあり、そのなかでも20台前半の契約者数がここ10年で3割以上も減少しています。これは、これまでのビジネスモデルの限界を示しているのと同時に、今後、損害保険業界が自動車保険にかわる新たなフィールドを開拓していかなければならないことも意味しています。

■主な企業

《生命保険》

（国内）

○第一生命　　　　　○日本生命　　　　　○明治安田生命

○かんぽ生命　　　　○住友生命

（外資系）

○メットライフ生命　○アフラック生命　　○プルデンシャル生命

《損害保険》

○東京海上HD　　　　○MS＆ADインシュアランスグループHD

○SOMPOHD

4）ノンバンク業界
①クレジットカード業界

　クレジットカード業界は2011年6月18日に改正貸金業法が完全施行され、貸付金利規制、与信規模の規制（総量規制＝借り手の年収の3分の1を与信上限）が強化され経営環境の厳しさが増しています。クレジットカード会社は、キャッシングへの依存体制からの変革が必要とされ、業務効率化の観点からも業界再編が予想されています。

　また、コンビニエンスストアや家電量販店と提携し、ポイント付与などのサービスを展開する顧客囲い込みに力を入れたり、「ゴールドカード」や「プラチナカード」による年会費・手数料収入増加を図る企業もあります。

■主な企業
- 三菱UFJニコス
- クレディセゾン
- オリエントコーポレーション
- セディナ
- イオンクレジットサービス
- トヨタファイナンス
- 三井住友カード
- ジェーシービー

②消費者金融業界

　消費者金融業界も、クレジットカード業界同様に改正貸金業法の施行により従来以上に与信の厳格化を迫られ、消費者金融業界を取り巻く環境は急速に悪化しています。また、債権者からの過払い利息返還請求、利息制限法上限金利と出資法金利（グレーゾーン）部分の借入利息が今も途絶えず、巨額の損失をもたらしました。こうした流れを受け、外資系は相次いで撤退しました。これにより業界再編が加速し、3大メガバンクの影響力がさらに強くなる結果となり、ノンバンクを取り囲む動きが続くとみられています。

■主な企業
- SMBCコンシューマーファイナンス（プロミス・モビット）
- アイフル
- アコム
- レイク

③リース業界

　リース業界は主に、企業に土木建設機械、自動車・トラック、OA事務機械、コンピュータ、医療機器、商業店舗など、さまざまな設備や機械を長期的に貸し出し、リース料を受け取る業態です。利用する企業は一度に多額な設備投資や費用がかからず、経営の流れで費用を支払うことができ、メンテナンスサービスも受けることができます。したがって、非常に便利で有効なため利用する企業が増加し、成長を続けています。しかし、この業界も新規参入など多く、リース価格だけでなく総合的なサービスが重要となっています。

■主な企業

- ○オリックス　　　　　　○三井住友ファイナンス＆リース
- ○三菱HCキャピタル　　○東京センチュリー　　　○芙蓉総合リース

日本の会社の組織と仕事の特色

1 会社の組織構造

（1）経営理念の重要性

　経営理念とは、会社が何のために、誰のために、何をするのか、社会に対する存在目的を明確にしたもので、会社の憲法のようなものです。つまり社長から従業員一人一人に至るまでこの経営理念をよく理解し、守り、実行していかなければならない経営活動の中心であり、モノサシとなるものです。

　現在はめまぐるしく経営環境が変化し、競争は国内企業のみならず海外企業とも行わなくてはならない厳しい状況です。経営環境の変化に絶えず適応し、生き残っていくために企業は変化していかなければなりません。そこで経営理念の普遍性を守りながら、存在適応することが重要となります。この経営理念に基づいて経営戦略・事業計画が立案され、実行され、企業経営されているのです。

（2）株主総会の役割

　株式会社の意思決定機関で、株主によって構成され、株主はその持株数に応じた議決権を持ちます。常置の期間ではなく、決算期ごとに召集される定時総会と、随時に召集される臨時総会とがあり、大きく分けて４つの事項を決定します。

　①会社の定款変更、解散、資本の減少、会社の合弁、分割、株式の交換や移転など

　②決算報告の承認・利益配分案など

　③取締役や監査役の選任、解任など

　④取締役や監査役の報酬決定など

（3）取締役会の役割

　取締役会は、経営の最高意思決定機関である株主総会で選任された、取締役と監査役で構成され、次の役割を担います。
　①業務執行の最高意思決定機関として業務執行の決定
　②代表取締役の選任・解任、株主総会の招集
　③取締役の職務執行監督
　④株主配当額の決定、新株社債・転換社債の発行の決定
などを行います。

　なお2006年に施行された新会社法では、株式譲渡制限会社は取締役会を設置しなくてもよくなりました。この場合は代表取締役の選任も不要ですが、取締役が複数いる場合は、業務執行の意思決定には過半数の取締役の賛成が必要となります。さらに、取締役は１名でもよく、任期も原則２年ですが10年まで延長できます。上場企業では従来通り、取締役は３名以上で任期も２年です。また監査は、決算内容に対する会計監査と、業務執行に対しての業務監査が必要になり、監査役の重要性が増大しています。

2　企業の組織部門と仕事の内容

　会社を理解する場合、まずどんな内容の仕事業務があり、またどんな組織形態で責任と権限が存在し、実行されているのかを理解する必要があります。中小企業でも規模の大小の違いはありますが、同じような考え方で組織が運営されています。

　会社では、取締役会で経営の基本的な方針や重要項目が議論され、決定されます。そして、経営の結果責任を負うことになります。取締役会は複数の取締役で構成され、その代表者が代表取締役社長で、最終的な権限と責任を負うことになっています。つまり、最高経営責任者というわけです。取締役副社長は、社長が事故や病気などで責任を果たせない場合に代行します。専務取締役や常務取締役は、複数の事業部や、社長の権限や責任の一部を担う役割があります。取締役は各事業部の運営、業績などの最終責任を担います。取締役の権限、責任のもとに各部門が置かれ、その長として部長が存在します。取締役が部長を兼任する場合もあり、部長の下にはそれぞれの課が置かれ、課の総合として部が形成されています。課長は課の運営の権限と責任を担い、具体的な業務責任を果たすことになります。

　いずれにしても会社の規模や社員数により、統制の権限規則に基づいて、部や課・係が置かれ、権限・責任の範囲が決められています。

企業組織の階層例

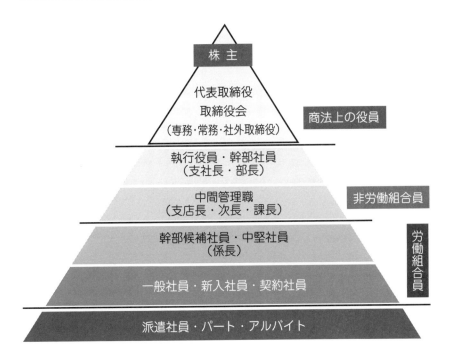

株　主

代表取締役
取締役会
（専務・常務・社外取締役）

商法上の役員

執行役員・幹部社員
（支社長・部長）

中間管理職
（支店長・次長・課長）

非労働組合員

幹部候補社員・中堅社員
（係長）

一般社員・新入社員・契約社員

派遣社員・パート・アルバイト

労働組合員

会社の主な組織部門と業務の内容には、次のようなものがあります。

■企業の部門別仕事の事例

部門	業務	部門	業務
経営企画部	・長期・中期経営計画管理 ・経営戦略立案 ・新規事業開発 ・新組織開発 その他	製造部	・製品製造 ・部品製造 ・工場管理 ・工程管理 ・品質管理 ・原価管理 その他
財務部	・資産管理 ・債権管理 ・キャッシュフロー管理 ・銀行取引管理 その他	研究開発部	・新製品開発 ・新部品開発 ・新素材開発 ・既存製品改良 ・製品製造方法の開発 ・特許管理 その他
経理部	・入金管理 ・支払管理 ・現金管理 ・手形管理 ・売上管理 ・経理伝票処理 ・経営情報管理 その他	仕入部	・外注開発 ・外注管理 ・部品購入 ・素材購入 ・在庫管理 ・購入先管理 その他
総務・人事部	・庶務 ・人事採用 ・人事管理 ・給与管理 ・社会保険処理 ・諸規定管理 その他	店舗運営部	・店舗管理 ・商品管理 ・商品在庫管理 ・顧客管理 ・クレーム管理 その他
情報システム部	・人事情報管理 ・取引先情報管理 ・仕入先情報管理 ・製品情報管理 ・在庫情報管理 ・販売情報管理 ・新製品情報管理 ・商品情報管理 ・経営情報管理 その他	営業・販売部	・既存顧客営業 ・新規顧客営業 ・顧客管理 ・クレーム処理 ・売上管理 ・得意先管理 ・消耗品管理 ・販売促進管理 その他

■管理スタッフ部門
①経営企画部
　経営企画部は、主に会社の将来のことを考え、経営環境や経済・市場環境を予測分析し、経営理念を鑑み、経営戦略と計画を立案する部門です。主な業務の内容は、
　　・長期・中期経営計画の立案と管理
　　・経営戦略立案
　　・新規事業開発
　　・組織開発
　など、将来を決定づける戦略・計画を立案し、管理する部署です。
②経理・財務部
　経理・財務は、会社の売り上げや支払いに対する、すべてのお金の出入りを管理している部門です。つまり、営業や店舗での販売で売り上げが上がると、お金の入金を正しく正確に管理し、また会社に必要な仕入れや経費についての支払いを確実に行い、お金の流れを管理し、必要な場合には銀行から借り入れるなど資金に不足がないよう経営をサポートする業務です。主な業務内容は、
　　・入金管理……… 営業や店舗販売での売上および売掛金の入金確認、現金入金管理、管理・記帳
　　・支払管理……… 仕入れ先などに対しての買掛金の期日支払、従業員給与の支払い手続き、管理・記帳
　　・現金管理……… 小口現金などのお金の出入金管理・記帳
　　・手形管理……… 売掛金・買掛金に対する手形発行、受取手形期日管理・手形割引
　　・資金繰り管理… 売掛金・買掛金の出入金の調整（キャッシュフロー管理）
　　・銀行管理……… 運転資金など、資金調達が必要な場合のためのパイプや経済情報入手元
　　・経理情報管理… 自社の財務状況などの機密事項の管理
　　・資産管理……… 固定資産・長期預金などの効率運用やメンテナンス
　　・債権管理……… 売掛金が回収不能にならないよう与信管理など
　　・債務管理……… 買掛金や借入金など支払金の調整

などの事務処理と管理があります。

③総務・人事部

　総務・人事部は従業員に関する採用・教育・昇格・異動・給与・賞与・社会保険・諸規定など、人に関する業務を管理し、働きやすい環境をサポートする業務です。主な業務内容は、

- ・人材の採用……　新卒や中途採用などの人材確保
- ・人材の教育……　新入社員・中堅社員・管理職・幹部社員などの階層別教育、営業職などの専門スキル教育実施
- ・人事管理………　適材適所による効率よい組織運営管理
- ・給与管理………　給与計算支払管理
- ・社会保険処理…　社会保険事務所への出入退届け処理・入退職に伴う説明
- ・諸規定管理……　社内規定による、人材・資産管理
- ・庶務……………　事務用品、催事、受発信、その他の計画・管理

などがあります。

④情報システム部

　情報システム部はコンピューターを活用し、社内LANなど会社のすべての部門の経営に必要な情報を一括して管理し、必要なタイミングで各経営層（トップマネジメント）や管理層（ミドルマネジメント）、また場合によっては、各業務担当者へ必要情報を提供し、会社全体をサポートする部門です。主な業務内容は、

- ・人事情報管理…　人事からの従業員に関する情報管理
- ・経理財務情報管理…　経理や財務からの請求・支払に関する情報管理
- ・売上情報管理…　営業や店舗からの売り上げに関する情報管理
- ・取引先情報管理…　販売先・仕入れ先など取引先に関する情報管理
- ・仕入情報管理…　部品・商品・消耗品など、購買や庶務からの仕入れ管理
- ・在庫情報管理…　製造部や店舗などからの、製品や商品の在庫状況情報管理
- ・顧客情報管理…　既存客・見込み客のランキングなどによる種別情報管理
- ・製品情報管理…　新製品情報・製品特性・不具合・欠品情報など商品に関する情報管理
- ・店舗情報管理…　各店別売上・人員配置・催事など各店舗運営に関する情

　　　　　　　　報管理
　・経営情報管理… 市場動向・同業他社動向・M＆A情報・倒産情報などの
　　　　　　　　管理
などがあります。

⑤研究開発部

　研究開発部は、新製品や新商品を開発するために必要な市場調査・顧客調査を実行、分析し、新たな素材、部品、製造工程および原価についても研究し、市場やお客様に支持される製品・商品を研究開発する部門です。主な業務内容は、

　・新製品開発…… 新技術や既存技術の組みあわせによる新製品開発
　・新商品開発…… 製品を商品化するために市場ニーズとの適合
　・新部品開発…… 既存の部品や素材の転用や、新素材による新しい部品の
　　　　　　　　開発
　・新素材開発…… 別の素材の転用やリニューアル、新しい原材料を探すこ
　　　　　　　　とによる新しい素材の開発
　・既存製品改良… コスト面・市場ニーズなどに適合できるようマイナー
　　　　　　　　チェンジやリニューアルの実施
　・特許取得管理… 特許技術の作成、申請、他社特許に抵触していないか、
　　　　　　　　他社が抵触していないかなどの管理（法務部などと一緒
　　　　　　　　に行うこともあります）
などがあります。

■ライン部門

①製造部

　製造部は、製品や部品を製造ラインで製造し、品質管理・原価管理を行い、良質で生産性の高い製品を生み出すための部門です。主な業務の内容は、

　・製品製造……… 製造ラインを組み、原材料や部品を投入し製品を創出
　　　　　　　　（付加価値を創出）
　・部品製造……… 製品製造に必要な部品の製造
　・工程管理……… 製造が遅滞なく予定通り進んでいるかの管理

・品質管理………　製品にばらつきや不具合が起きないよう、一定の品質を
　　　　　　　　　保つための管理
・原価管理………　製品ごとに原価計算を行い、当初設定の原価範囲で製造
　　　　　　　　　されているか、コスト計算を実施
・生産性管理……　原材料や労働力・工場設備などの投下資本に対し、生み
　　　　　　　　　出された付加価値が十分の管理

などがあります。

②仕入部（購買部）

仕入部は、自社の製品・商品に必要な部品・材料の仕入れまたは外注先の開発管理を行います。主な業務の内容は、

・部品購入………　自社製品の製造に必要な部品の最適調達
・材料購入………　自社製品の製造に必要な原材料の最適調達
・外注先開発……　自社製品の製造に必要な工程の一部を外部に委託製造さ
　　　　　　　　　せるなどのための取引先の開拓
・外注先管理……　委託製造先の財務状況や経営状況などを把握し、問題発
　　　　　　　　　生時に対応できるよう管理
・部品・材料在庫管理　自社製品の製造に必要な部品や原材料の在庫管理
・仕入先管理……　部品や原材料がなければ自社の製造ラインもストップし
　　　　　　　　　てしまうため、部品や原材料の安定供給管理

などがあります。

③営業販売部

営業販売部は、新規顧客の開発および既存顧客に対し、自社の製品・商品を営業し販売する部門です。主な業務の内容は、

・新規顧客開拓…　今まで取引実績のない新規顧客を探し、新規取引先とす
　　　　　　　　　るための営業活動
・既存顧客営業…　過去に取引実績があり、定期・不定期に取引が継続的に
　　　　　　　　　発生している顧客への販売活動
・顧客管理………　既存客の既存取引高などと、新規見込み客を含んだ情報
　　　　　　　　　データ管理
・クレーム管理…　自社製品や商品の不具合情報への対応や代替処理

　　・得意先管理……　過去の取引実績などに基づく上位ランク顧客に関する情
　　　　　　　　　　　報管理
　　・販売促進………　販売促進のための広告宣伝やプロモーションの企画実施
　　・売上管理………　毎月毎年の売上目標に対する進捗や実績管理
　　・消耗品管理……　販促物、サンプルやPOP、事務用品などの管理
　　などがあります。

④**店舗運営部**
　　店舗運営部は、店舗でお客様に提案サービスを通し自社商品の販売を行う部
門です。主な業務の内容は、
　　・店舗管理………　店舗外観から店内、バックヤードに至るすべての設備・
　　　　　　　　　　　機械・備品・従業員の仕事管理
　　・商品管理………　取扱商品項目の決定や売り場構成、原価粗利管理、売価
　　　　　　　　　　　設定など
　　・商品在庫管理…　販売機会損失を最低限に抑えるための適正在庫と、不良
　　　　　　　　　　　在庫など消費期限管理
　　・顧客管理………　ポイントカードなどによる顧客属性把握とプロモーショ
　　　　　　　　　　　ンキャンペーンなどの企画実施
　　・クレーム管理…　商品・売り場・従業員の不具合、クレームへの対応や代
　　　　　　　　　　　替処理
　　・消耗品管理……　ユニフォーム、パッケージ、事務用品などの管理
　　・店舗仕入管理…　POS活用による自動発注とマンパワーによる手動発注
　　　　　　　　　　　の適正化、商品の検品
　　・アルバイト・パートタイム労働者の管理…　人員適正配置のためのシフト
　　　　　　　　　　　　　　　　　　　　　　　調整管理
　　などがあります。

3 日本で働く人のための法律、規則、ルール

（1）労働基準法

　労働基準法は、労働者が人たるに値する生活を営むために、労働条件の最低基準を定めたものであり、（2）労働組合法や（3）労働関係調整法とともに、「労働三法」といいます。労働基準法を下回る労働条件で人を雇うことはできません。主な内容は、

- **労働条件**…労働条件は労働者と使用者が対等の立場で決定すべきものであり、均等待遇（差別禁止）、男女同一賃金の原則、強制労働の禁止などがあります。
- **労働契約**…労働契約期間、賃金・労働時間などの明示、強制貯金の禁止、解雇予告（30日前）と解雇制限（業務上負傷・疾病による休業期間・産前産後休業期間とその後30日間）、退職時の証明交付などが定められています。
- **賃金支払**…毎月一回以上、一定の期日を定めて通貨で支払うこと、休業手当などについての定めがあります。（最低賃金については「最低賃金法」に定められています。）
- **労働時間**…1週間40時間、1日につき8時間＝法定労働時間（＊事業規模と業種によっては協定により週42時間、1日10時間まで労働可）、休憩時間、休日、★時間外労働・休日労働の割増賃金、★年次有給休暇などについて定めています。（★については後段に解説）
- **就業規則**…常時10名以上の従業員（アルバイト・パートタイム労働者も含む）を雇用する会社（事務所）は、就業規則を作成し、労働基準

監督署へ届け出、全従業員にその内容を公表することが義務付けられています。就業規則作成・変更については労働組合、労働組合がない場合は労働者の過半数を代表する者の意見を記した書面を添付しなくてはなりません。

就業規則には、次の「絶対的記載事項」と「相対的記載事項」があります。

●絶対的記載事項（必ず記載されなくてはならない項目）
　就業時間・休憩・休日・賃金・退職に関する事項
●相対的記載事項（定めをする場合は記載すること）
　退職手当・臨時賃金・最低賃金・食事や作業用品の負担・安全衛生・職業訓練・災害補償や業務外傷病扶助・表彰や制裁に関する事項

★時間外労働、休日および深夜労働の割増賃金…

労働基準法第36条では、使用者と労働組合、労働組合がない場合は労働者の過半数を代表する者と書面による協定（通称サブロク（36条）協定）をし、それを行政官庁に届け出た場合、法定労働時間を超えて、または休日に労働させることができるとしています。この労働時間の延長または休日労働に対しては割増賃金が支払われます。割増率の最低基準も定めています。

・時間外労働…通常賃金の125％以上
・時間外労働が月間60時間を超えた場合…超えた部分は通常賃金の150％以上
・深夜労働（10：00pm〜5：00am）…通常賃金の125％以上
・休日労働…通常賃金の135％以上
・時間外労働が深夜に及ぶ…通常賃金の150％以上
・休日労働が深夜に及ぶ…通常賃金の160％以上
・管理・監督者の割増賃金…時間外・休日労働＝×（適用されません）
　　　　　　　　　　　　　深夜労働＝○（適用されます）

★年次有給休暇…

　　　雇い入れの日から6か月間継続勤務し、労働日の8割以上出勤した労働者に対して、事業主は有給休暇を与えることが定められています。
　　　1週間に5日以上労働する一般労働者の場合の有給休暇付与数は、次のようになります。

継続勤務年数	6か月	1年6月	2年6月	3年6月	4年6月	5年6月	6年6月
付与日数	10日	11日	12日	14日	16日	18日	20日

　労働基準法には上記以外にも、中間搾取の排除、前借金相殺の禁止、安全衛生、災害補償、年少者、妊産婦など、多くの項目について、詳細が定められています。

（2）労働組合法

　労働組合法に先立ち、憲法第28条で保障される経済的弱者である労働者の基本的な権利には「労働三権」と呼ばれる、
・団結権（個人の力では弱いので、労働者同士が団結すること）
・団体交渉権（労働者団体の代表を通じ使用者と交渉すること。使用者はこれを拒否できない）
・団体行動権（ストライキなどの争議権を行使すること）
の3つがあります。

　労働組合法は、この労働者の基本的権利を具現化するために制定されています。労働者が使用者と交渉する場合、対等の立場に立つことを促進し労働者の地位を向上させるために団結し、使用者と団体交渉し、労働協約を締結し、不当労働行為を排除することなどを定めています。ただし、いかなる場合も暴力の行使は、労働組合の正当な行為とは認めていません。

　なお、公務員（国家・地方公務員、警察官・自衛官など）はその職務の公共性から国家公務員法によって、労働基本権に一定の制約があります。

（3）労働関係調整法

　労働組合法と相まって、労働関係の公正な調整、労働争議を予防または解決し、産業の平和を維持して経済興隆を図ることを目的とした法律です。

　労働争議とは、労使双方の主張がまとまらず、作業所閉鎖やストライキなどにより、業務の正常な運営を阻害する行為を意味します。

　この労働争議が発生した場合は、国・地方公共団体に設置された労働委員会に届け出なければならず、労働委員会はその争議に対して以下の措置を講じ解決に導きます。

- **斡旋**…労働委員会会長が指名する斡旋員が、双方の主張の要点を確かめ解決に努めます。
- **調停**…争議がまとまらず、労働委員会に調停申請がなされると、労使双方の調停委員と公益の代表調停委員からなる調停委員会を設置し、調停案を作成して解決に導きます。
- **仲裁**…争議がまとまらず、労働委員会に仲裁申請がなされると、労働委員会の公益の代表委員などから労働委員会会長が仲裁委員を指名し、仲裁委員会を設け会議し、仲裁裁定を議決します。この仲裁裁定は労働協約と同一の効力をもちます。

（4）その他の労働者に関する法律

1．社会保障に関する主な法律

- **厚生年金保険法**…労働者の老齢・障害・死亡について保険給付を行い、労働者とその遺族の生活の安定を図るものです。日本の年金制度は2階建てと言われ、1階部分は国民年金（基礎年金）で国民全員加入が義務付けられています。2階部分はサラリーマンが加入する厚生年金です。厚生年金に加入すると自動的に国民年金にも加入することとなり、年金保険料は労使折半で納めます。サラリーマンの被扶養配偶者（専業主婦など）は「3号被保険者」（保険料を納めずとも国民年金加

入扱い）となります。年金財政悪化に伴い、この「3号被保険者」の見直しが最近の争点になっています。

年金支給年齢は現在65歳（誕生年月により60〜64歳の間「特別支給」がある年齢層があります）で、保険料率は段階的に引き上げられ2017年9月以降は給与の18.3％（これを労使折半）となります。

・**健康保険法**…労働者およびその被扶養者の業務災害以外の疾病・負傷・死亡・出産に関して、保険給付（療養の給付）を行います。労働者の業務災害には、労働者災害補償保険（通称：労災保険（後段）があり、給付が分けられます。サラリーマン以外には国民健康保険法があり、同様の給付が行われます。医療機関での窓口自己負担割合は3割で、7割が保険給付となります。保険料は自治体・健康保険組合などが、決められた範囲内で設定し、サラリーマンの場合は労使折半されます。

・**雇用保険法**…労働者が失業した場合などに、必要な給付および再就職の援助を行います。保険給付は、退職日からさかのぼる6か月間に支払われた賃金の平均日額×60〜80％を1日当たり給付額として、90日〜360日分が年齢と雇用期間に応じて給付されます。退職事由が「自己都合」の場合は、3か月待機期間とされ、4か月目から給付されます。雇用保険料は労使折半で、一人でも雇用すれば加入が義務付けられています（アルバイト・パートタイム労働者も対象です）。

・**労働者災害補償保険法**…労働者の業務上または通勤途上での負傷・疾病・障害・死亡等に対する公正な保護を目的に、保険給付および社会復帰、労働者とその遺族の援護を行います。

療養補償給付・休業補償給付・障害補償給付・遺族補償給付・葬祭料・傷病補償年金・介護補償給付・2次健康診断等給付があります。保険料は全額事業主負担で、一人でも雇用すれば加入が義務付けられています（アルバイト・パートタイム労働者も対象です）。

2．労働者本人に関する主な法律

・**男女雇用機会均等法**…雇用分野において男女の均等な機会および待遇の確
　　保、女性労働者の就業・妊娠・出産後の健康確保推進を目的としてい
　　ます。

　　・募集・採用について性別を理由とする差別禁止
　　・配置・昇進・昇格・教育訓練等について性別を理由とする差別禁止
　　・婚姻・妊娠・出産等を理由とする不利益取り扱いの禁止
　　・職場におけるセクシャルハラスメント対策
　　・ポジティブアクション（男女格差解消への企業の自主的・積極的取
　　　り組み）援助
　　・妊娠中および出産後の健康管理に関する措置
　　など、詳細にわたり規定しています。
　　なお、違反企業に勧告したにもかかわらず、勧告に従わなかった場合
　　公表されます。

・**労働者派遣法**…いわゆる「派遣社員」として働く人の権利を守るため、派遣
　　会社や派遣先企業が守らなくてはならないルールを定めた法律です。
　　就業構造の多様化にともない、「労働基準法」など従来の法律ではカ
　　バーしきれなくなった「派遣というかたちでの労働」に特化していま
　　す。正式には「労働者派遣事業の適正な運営の確保および派遣労働者
　　の就業条件の整備等に関する法律」といい、1986年7月から施行さ
　　れ、以下について詳細に規定しています。
　　・一般労働者派遣事業、特定派遣事業の許可について
　　・派遣先の制限事項
　　・個人情報の取り扱い、守秘義務
　　・労働者派遣契約と契約解除について
　　・派遣元事業者の構ずべき措置、派遣先事業者の講ずべき措置
　　※2012年10月には労働者派遣法改正法が施行され、以下が改正され
　　　ました。
　　・事業規制の強化…日雇い派遣（30日以内）原則禁止、グループ企

業派遣の8割規制、離職後1年以内の人を元の勤務先に派遣することの禁止、マージン率などの情報提供義務化など
・労働者待遇改善義務化…待遇に関する説明義務、派遣先社員との均衡配慮義務、派遣料金明示義務、派遣労働者の無期雇用化や待遇の改善、派遣契約解除措置の義務化など
・違法派遣に対する迅速的確な対処

・**育児介護休業法**…育児または家族介護を行う労働者が退職せずに、雇用の継続を図り、労働者の職業生活と家庭生活との両立を図ることを目的としています。
　育児・介護休業制度は、あらかじめその企業に制度として導入され、就業規則などに内容が記載されていることが必要です。

4　企業の社会的責任

（1）コーポレート・ガバナンス

　日本語では「企業統治」と訳されます。もともと「企業は誰のものか、誰のためのものか」という問題提起から始まったといわれる概念です。

　日本企業では長い間、メーンバンクと社内出身者だけで構成される取締役会によって、企業のあり方や経営が決められてきました。そのため、最近では「大王製紙（創業家の経営者が不正に子会社からお金を引き出し、カジノで使っていた）」や、「オリンパス（過去の企業買収において不透明な取引と会計処理を行い、それを隠していた）」などの企業不祥事が発生してしまいました。これらは、一部の創業家経営や権限が過度に集中した身勝手なリーダーが、自己の欲望や保身のために暴走し組織として止められない、都合の悪いことは隠ぺいしたり都合の悪い人を組織から排除してしまう事件でした。

　企業は、そういった一部の創業家や権限が過度に集中した身勝手なリーダー個々人のものではありません。

　企業には「ステークホルダー（利害関係者）」と呼ばれる、株主・金融機関・従業員・取引先・顧客など多くの利害関係者がいます。その企業が提供する製品サービスから得られる様々な便益によって、製品サービスの利用者は便利で快適になったり、従業員が安定して雇用され安心して暮らせたりするのです。

　例えば、企業が必要な資金をどのように調達するかは、これまでのメーンバンクからの借り入ればかりでなく、自社株発行による増資など銀行に限らず金融市場から広く行えるようになったため、メーンバンクの影響力は以前より薄れています。また、投資先の経営について経営者の「アカウンタビリティー

（説明責任）」を求めるプロの投資家、「モノ言う大株主」である機関投資家の増加や、グローバル化により、取引先・顧客・従業員だけでなく株主にも外国人比率が増えています。これまでの日本的な密室でのなれ合い体質の経営では、ステークホルダーに十分な説明ができず、経営の透明性が高まらないことから、社会的評価が下がり、株価にも如実に影響が出るようになっています。

　当該企業から経済的にも精神的にも独立した社外取締役や監査役を招き、社内の不正や違法行為、身勝手な経営判断などを是正し、組織として本来持つべき自浄作用が機能する健全で規律の行き届いた企業経営によって資本効率を押し上げ、社会に対して利便性や快適な日常生活を提供し続けることのできる企業が永続し、ステークホルダー各々の利益が最大化するためのコーポレート・ガバナンスが求められています。欧米では、1990年代に各社が従業員の言動にまで及ぶ倫理綱領を策定し、従業員に遵守することを約束させ、サインの提出を求める企業もありました。

（2）コンプライアンス

　日本語では一般的に「法令遵守」と訳されます。もともと「従うこと・守ること」という意味で、法律ばかりでなく、規則や社会規範など、さらには企業倫理、社会倫理も守ることを含んでいるとも言われています。

　企業活動が厳しいグローバル競争にさらされ、生き残りをかけて経済性が最優先となると、企業間競争に打ち勝つために、グローバル企業は現地生産や部品・原材料の海外調達を行い、その際に健全な企業活動から逸脱した行為が見られるようになりました。特に、先進国が発展途上国で行う企業活動には、雇用や環境保全などで問題が指摘されました。

　企業間の競争も、少なくとも法律や社会規範を守り、同じルールの下で競争しなくてはなりません。それは企業間でも個人間でも国家間でも同じでしょう。ルールを守らず、他社（者・国）より抜きんでては、企業間でも国家間でも大きな摩擦を生みます。全員がルールを守り、公正に競争し、技術革新が正当に

進み、健全に経済発展が進むことが、真のグローバル競争のあるべき姿です。

　日本では2000年代に入ってから、メディアでしばしば取り上げられるようになり、企業でもコンプライアンスについて考えられるようになってきました。しかしながら2007年には大手牛丼チェーンで、労働基準法を守らず、時間外手当を支払わない深夜にまで及ぶ長時間労働で疲弊した従業員が多く退職し、一部店舗が閉鎖に追い込まれる事態が発生しました。「労働基準法は知っているが厳格に守らなくても良いと思っていた」という幹部のコメントがニュースで流れ問題となりました。

　実際、全米でも有数の大企業であった「エンロン（巨額の不正経理・不正取引による粉飾決算が明るみに出て破綻）」など、コンプライアンス違反は大企業でも消滅してしまうほどの打撃を与えることもあります。日本でも、「雪印（外国産牛を国内産と偽り、農林水産省の買い取り費用を不正請求し上場廃止）」「船場吉兆（賞味期限や食材産地偽装等不正、食べ残しの使い回しが発覚し廃業）」などの他、最近では「ビッグモーター（故意に車を傷つけるなどして修理代を水増しし、保険金を不正に請求）」が記憶に新しいところでしょう。

（3）CSR（Corporate Social Responsibility）

　日本語では「企業の社会的責任」と訳されます。一般的には、法令遵守、消費者保護、環境保護、労働、人権尊重、地域貢献など、純粋に財務的な活動以外の分野で、企業が持続的な発展を目的として自主的に取組む対応、とされています。企業はその経済活動により社会から利益を得ています。
　企業が法人として持続するためには、取り巻く社会が持続的に発展存在していることが大前提です。企業市民として自社の利益を上記のような社会問題に対し、責任ある対応や活動に活用することで、社会（ステークホルダーを含む）も満足し、相互に持続発展していきます。

　CSRはもともと、社会的問題の解決に政治の果たす役割が低下し、企業が

貢献すべきという機運の高まりから欧米でスタートしましたが、政府があまり関与しないアメリカと、EUを中心としてCSRは個々の企業の社会問題への関わりというより社会システムの理念として考えられているヨーロッパとでは、その考え方に違いがあるようです。

　日本企業でのCSRに根底には「企業の永続的発展」があり、そのため一部では企業の社会的責任が、企業の社会的貢献や企業イメージの向上を図る諸活動、寄付行為や社会貢献・慈善活動であるフィランソロピー、芸術文化支援であるメセナ活動などと混同され、企業収益の社会還元のように混同されている場合がありますが、本来の意味とは異なります。

　いずれにせよ、具体的な内容は、その地域・文化・経済的な背景によって異なり、その時々に社会が求めるものを提供することにより、企業の社会的責任が果たされていくと考えられています。社会的責任に関する国際規格であるISO26000が2010年に発行され、日本でもグローバル化を進める各社が、毎年CSRレポートを発行するようになっています。

　「現代企業は、環境・人権・労働などに配慮する社会的責任を重視したコーポレート・ガバナンスが求められており、企業のコンプライアンスはCSRの観点からみて最低限果たすべき義務であり、CSRを推進する前提条件である」と理解されています。

巻末資料

産業分類一覧・資格試験一覧

〈産業分類一覧〉

大分類	中分類	小分類
A　農業	01　農業	011　耕種農業 012　畜産農業 013　農業サービス業（園芸サービス業を除く） 014　園芸サービス業
B　林業	02　林業	021　育林業 022　素材生産業 023　特用林産物生産業（きのこ類の栽培を除く） 024　林業サービス業 029　その他の林業
C　漁業	03　漁業	031　海面漁業 032　内水面漁業
	04　水産養殖業	041　海面養殖業 042　内水面養殖業
D　鉱業	05　鉱業	051　金属鉱業 052　石炭・亜炭鉱業 053　原油・天然ガス鉱業 054　採石業、砂・砂利・玉石採取業 055　窯業原料用鉱物鉱業（耐火物・陶磁器・ガラス・セメント原料用に限る） 059　その他の鉱業
E　建設業	06　総合工事業	061　一般土木建築工事業 062　土木工事業（舗装工事業を除く） 063　舗装工事業 064　建築工事業（木造建築工事業を除く） 065　木造建築工事業 066　建築リフォーム工事業
	07　職別工事業（設備工事業を除く）	071　大工工事業 072　とび・土工・コンクリート工事業 073　鉄骨・鉄筋工事業 074　石工・れんが・タイル・ブロック工事業 075　左官工事業 076　板金・金物工事業 077　塗装工事業 07A　床工事業 07B　内装工事業 079　その他の職別工事業
	08　設備工事業	081　電気工事業 082　電気通信・信号装置工事業 083　管工事業（さく井工事業を除く） 084　機械器具設置工事業 089　その他の設備工事業

F	製造業	09	食料品製造業	091	畜産食料品製造業
F	製造業			092	水産食料品製造業
				093	野菜缶詰・果実缶詰・農産保存食料品製造業
				094	調味料製造業
				095	糖類製造業
				096	精穀・製粉業
				097	パン・菓子製造業
				098	動植物油脂製造業
				099	その他の食料品製造業
		10	飲料・たばこ・飼料製造業	101	清涼飲料製造業
				102	酒類製造業
				103	茶・コーヒー製造業
				104	製氷業
				105	たばこ製造業
				106	飼料・有機質肥料製造業
		11	繊維工業（衣服、その他の繊維製品を除く）	111	製糸業
				112	紡績業
				113	ねん糸製造業
				114	織物業
				115	ニット生地製造業
				116	染色整理業
				117	綱・網製造業
				118	レース・繊維雑品製造業
				119	その他の繊維工業
		12	衣服・その他の繊維製品製造業	121	織物製（不織布製及びレース製を含む）外衣・シャツ製造業（和式を除く）
				122	ニット製外衣・シャツ製造業
				123	下着類製造業
				124	和装製品・足袋製造業
				125	その他の衣服・繊維製身の回り品製造業
				129	その他の繊維製品製造業
		13	木材・木製品製造業（家具を除く）	131	製材業、木製品製造業
				132	造作材・合板・建築用組立材料製造業
				133	木製容器製造業（竹、とうを含む）
				139	その他の木製品製造業（竹、とうを含む）
		14	家具・装備品製造業	141	家具製造業
				142	宗教用具製造業
				143	建具製造業
				149	その他の家具・装備品製造業
		15	パルプ・紙・紙加工品製造業	151	パルプ製造業
				152	紙製造業
				153	加工紙製造業
				154	紙製品製造業
				155	紙製容器製造業
				159	その他のパルプ・紙・紙加工品製造業
		16	印刷・同関連業	161	印刷業

F 製造業		162	製版業
		163	製本業、印刷物加工業
		169	印刷関連サービス業
	17 化学工業	171	化学肥料製造業
		172	無機化学工業製品製造業
		173	有機化学工業製品製造業
		174	化学繊維製造業
		175	油脂加工製品・石けん・合成洗剤・界面活性剤・塗料製造業
		176	医薬品製造業
		177	化粧品・歯磨・その他の化粧用調整品製造業
		179	その他の化学工業
	18 石油製品・石炭製品製造業	181	石油精製業
		182	潤滑油・グリース製造業（石油精製業によらないもの）
		183	コークス製造業
		184	舗装材料製造業
		189	その他の石油製品・石炭製品製造業
	19 プラスチック製品製造業（別掲を除く）	191	プラスチック板・棒・管・継手・異形押出製品製造業
		192	プラスチックフィルム・シート・床材・合成皮革製造業
		193	工業用プラスチック製品製造業
		194	発泡・強化プラスチック製品製造業
		195	プラスチック成形材料製造業（廃プラスチックを含む）
		199	その他のプラスチック製品製造業
	20 ゴム製品製造業	201	タイヤ・チューブ製造業
		202	ゴム製・プラスチック製履物・同附属品製造業
		203	ゴムベルト・ゴムホース・工業用ゴム製品製造業
		209	その他のゴム製品製造業
	21 なめし革・同製品・毛皮製造業	211	なめし革製造業
		212	工業用革製品製造業（手袋を除く）
		213	革製履物用材料・同附属品製造業
		214	革製履物製造業
		215	革製手袋製造業
		216	かばん製造業
		217	袋物製造業
		218	毛皮製造業
		219	その他のなめし革製品製造業
	22 窯業・土石製品製造業	221	ガラス・同製品製造業
		222	セメント・同製品製造業
		223	建設用粘土製品製造業（陶磁器製を除く）
		224	陶磁器・同関連製品製造業
		225	耐火物製造業
		226	炭素・黒鉛製品製造業

F 製造業		227	研磨材・同製品製造業
		228	骨材・石工品等製造業
		229	その他の窯業・土石製品製造業
	23 鉄鋼業	231	製鉄業
		232	製鋼・製鋼圧延業
		233	製鋼を行わない鋼材製造業（表面処理鋼材を除く）
		234	表面処理鋼材製造業
		235	鉄素形材製造業
		239	その他の鉄鋼業
	24 非鉄金属製造業	241	非鉄金属第1次製錬・精製業
		242	非鉄金属第2次製錬・精製業（非鉄金属合金製造業を含む）
		243	非鉄金属・同合金圧延業（抽伸、押出しを含む）
		244	電線・ケーブル製造業
		245	非鉄金属素形材製造業
		249	その他の非鉄金属製造業
	25 金属製品製造業	251	ブリキ缶・その他のめっき板等製品製造業
		252	洋食器・刃物・手道具・金物類製造業
		253	暖房装置・配管工事用附属品製造業
		254	建設用・建築用金属製品製造業（製缶板金業を含む）
		255	金属素形材製品製造業
		256	金属被覆・彫刻業、熱処理業（ほうろう鉄器を除く）
		257	金属線製品製造業（ねじ類を除く）
		258	ボルト・ナット・リベット・小ねじ・木ねじ等製造業
		259	その他の金属製品製造業
	26 一般機械器具製造業	261	ボイラ・原動機製造業
		262	農業用機械製造業（農業用器具を除く）
		263	建設機械・鉱山機械製造業
		264	金属加工機械製造業
		265	繊維機械製造業
		266	特殊産業用機械製造業
		267	一般産業用機械・装置製造業
		268	事務用・サービス用・民生用機械器具製造業
		269	その他の機械・同部分品製造業
	27 電気機械器具製造業	271	発電用・送電用・配電用・産業用電気機械器具製造業
		272	民生用電気機械器具製造業
		273	電球・電気照明器具製造業
		274	電子応用装置製造業
		275	電気計測器製造業
		279	その他の電気機械器具製造業

	28 情報通信機械器具製造業	281	通信機械器具・同関連機械器具製造業
		282	電子計算機・同附属装置製造業
F 製造業	29 電子部品・デバイス製造業	291	電子部品・デバイス製造業
	30 輸送用機械器具製造業	301	自動車・同附属品製造業
		302	鉄道車両・同部分品製造業
		303	船舶製造・修理業、舶用機関製造業
		304	航空機・同附属品製造業
		305	産業用運搬車両・同部分品・附属品製造業
		309	その他の輸送用機械器具製造業
	31 精密機械器具製造業	311	計量器・測定器・分析機器・試験機製造業
		312	測量機械器具製造業
		313	医療用機械器具・医療用品製造業
		314	理化学機械器具製造業
		315	光学機械器具・レンズ製造業
		316	眼鏡製造業（枠を含む）
		317	時計・同部分品製造業
	32 その他の製造業	321	貴金属・宝石製品製造業
		322	楽器製造業
		32A	がん具製造業
		32B	運動用具製造業
		324	ペン・鉛筆・絵画用品・その他の事務用品製造業
		325	装身具・装飾品・ボタン・同関連品製造業（貴金属・宝石製を除く）
		326	漆器製造業
		327	畳・傘等生活雑貨製品製造業
		328	武器製造業
		32C	情報記録物製造業（新聞、書籍等の印刷物を除く）
		32D	他に分類されないその他の製造業
G 電気・ガス・熱供給・水道業	33 電気業	331	電気業
	34 ガス業	341	ガス業
	35 熱供給業	351	熱供給業
	36 水道業	361	上水道業
		362	工業用水道業
		363	下水道業
H 情報通信業	37 通信業	371	信書送達業
		372	固定電気通信業
		373	移動電気通信業
		374	電気通信に附帯するサービス業
	38 放送業	381	公共放送業（有線放送業を除く）
		382	民間放送業（有線放送業を除く）
		383	有線放送業
	39 情報サービス業	391	ソフトウェア業
		39A	情報処理サービス業
		39B	情報提供サービス業

			39C	その他の情報処理・提供サービス業
H	情報通信業	40	インターネット附随サービス業	401	インターネット付随サービス業
		41	映像・音声・文字情報制作業	411	映像情報制作・配給業
				412	音声情報制作業
				413	新聞業
				414	出版業
				41A	ニュース供給業
				41B	その他の映像・音声・文字情報制作に附帯するサービス業
I	運輸業	42	鉄道業	421	鉄道業
		43	道路旅客運送業	431	一般乗合旅客自動車運送業
				432	一般乗用旅客自動車運送業
				433	一般貸切旅客自動車運送業
				439	その他の道路旅客運送業
		44	道路貨物運送業	441	一般貨物自動車運送業
				442	特定貨物自動車運送業
				443	貨物軽自動車運送業
				444	集配利用運送業
				449	その他の道路貨物運送業
		45	水運業	451	外航海運業
				452	沿海海運業
				453	内陸水運業
				454	船舶貸渡業
		46	航空運輸業	461	航空運送業
				462	航空機使用業（航空運送業を除く）
		47	倉庫業	471	倉庫業（冷蔵倉庫業を除く）
				472	冷蔵倉庫業
		48	運輸に附帯するサービス業	481	港湾運送業
				482	貨物運送取扱業（集配利用運送業を除く）
				483	運送代理店
				484	こん包業
				485	運輸施設提供業
				489	その他の運輸に附帯するサービス業
J	卸売・小売業	49	各種商品卸売業	49A	各種商品卸売業（従業者が常時100人以上のもの）
				49B	その他の各種商品卸売業
		50	繊維・衣服等卸売業	501	繊維品卸売業（衣服、身の回り品を除く）
				502	衣服・身の回り品卸売業
		51	飲食料品卸売業	51A	米穀類卸売業
				51B	野菜・果実卸売業
				51C	食肉卸売業
				51D	生鮮魚介卸売業
				51E	その他の農畜産物・水産物卸売業
				512	食料・飲料卸売業

J 卸売・小売業	52 建築材料、鉱物、金属材料等卸売業	521	建築材料卸売業
		522	化学製品卸売業
		523	鉱物・金属材料卸売業
		524	再生資源卸売業
	53 機械器具卸売業	531	一般機械器具卸売業
		532	自動車卸売業
		533	電気機械器具卸売業
		539	その他の機械器具卸売業
	54 その他の卸売業	541	家具・建具・じゅう器等卸売業
		542	医薬品・化粧品等卸売業
		54A	代理商、仲立業
		54B	他に分類されないその他の卸売業
	55 各種商品小売業	551	百貨店、総合スーパー
		559	その他の各種商品小売業（従業者が常時50人未満のもの）
	56 織物・衣服・身の回り品小売業	561	呉服・服地・寝具小売業
		562	男子服小売業
		563	婦人・子供服小売業
		564	靴・履物小売業
		569	その他の織物・衣服・身の回り品小売業
	57 飲食料品小売業	571	各種商品小売業
		572	酒小売業
		573	食肉小売業
		574	鮮魚小売業
		575	野菜・果物小売業
		576	菓子・パン小売業
		577	米殻類小売業
		57A	料理品小売業
		57B	他に分類されない飲食料品小売業
	58 自動車・自転車小売業	581	自動車小売業
		582	自転車小売業
	59 家具・じゅう器・機械器具小売業	591	家具・建具・畳小売業
		592	機械器具小売業
		599	その他のじゅう器小売業
	60 その他の小売業	601	医薬品・化粧品小売業
		602	農耕用品小売業
		603	燃料小売業
		604	書籍・文房具小売業
		60A	スポーツ用品小売業
		60B	がん具・娯楽用品小売業
		60C	楽器小売業
		606	写真機・写真材料小売業
		607	時計・眼鏡・光学機械小売業
		60D	花・植木小売業
		60E	中古品小売業（他に分類されないもの）
		60F	他に分類されないその他の小売業

K	金融・保険業	61	銀行業	611	中央銀行
				612	銀行（中央銀行を除く）
K	金融・保険業	62	協同組織金融業	621	中小企業等金融業
				622	農林水産金融業
		63	郵便貯金取扱機関、政府関係金融機関	631	郵便貯金・為替・振替業務取扱機関
				632	政府関係金融機関
		64	貸金業、投資業等非預金信用機関	641	貸金業
				642	質屋
				643	クレジットカード業、割賦金融業
				649	その他の貸金業、投資業等非預金信用機関
		65	証券業、商品先物取引業	651	証券業
				652	証券業類似業
				653	商品先物取引業、商品投資業
		66	補助的金融業、金融附帯業	661	補助的金融業、金融附帯業
		67	保険業（保険媒介代理業、保険サービス業を含む）	671	生命保険業
				672	損害保険業
				673	共済事業
				674	保険媒介代理業
				675	保険サービス業
L	不動産業	68	不動産取引業	681	建物売買業、土地売買業
				682	不動産代理業・仲介業
		69	不動産賃貸・管理業	691	不動産賃貸業（貸家業、貸間業を除く）
				692	貸家業・貸間業
				693	駐車場業
				694	不動産管理業
M	飲食店、宿泊業	70	一般飲食店	70A	一般食堂
				70B	日本料理店
				70C	西洋料理店
				70D	中華料理店
				70E	焼肉店（東洋料理のもの）
				70F	その他の食堂、レストラン
				702	そば・うどん店
				703	すし店
				704	喫茶店
				70G	ハンバーガー店
				70H	お好み焼店
				70J	他に分類されない一般飲食店
		71	遊興飲食店	711	料亭
				712	バー、キャバレー、ナイトクラブ
				713	酒場、ビヤホール
		72	宿泊業	721	旅館、ホテル
				722	簡易宿所
				723	下宿業
				72A	会社・団体の宿泊所
				72B	他に分類されない宿泊所

N	医療、福祉	73	医療業	731	病院
				732	一般診療所
N	医療、福祉			733	歯科診療所
				73A	助産所
				73B	看護業
				735	療術業
				73C	歯科技工所
				73D	その他の医療に附帯するサービス業
		74	保健衛生	741	保健所
				742	健康相談施設
				749	その他の保健衛生
		75	社会保険・社会福祉・介護事業	751	社会保険事業団体
				752	福祉事務所
				75A	保育所
				75B	その他の児童福祉事業
				75C	特別養護老人ホーム
				75D	介護老人保健施設
				75E	有料老人ホーム
				75F	その他の老人福祉・介護事業
				755	障害者福祉事業
				75G	更生保護事業
				75H	訪問介護事業
				75J	他に分類されない社会保険・社会福祉・介護事業
O	教育、学習支援業	76	学校教育	761	小学校
				762	中学校
				763	高等学校、中等教育学校
				764	高等教育機関
				765	特殊教育諸学校
				766	幼稚園
				767	専修学校、各種学校
		77	その他の教育、学習支援業	77A	公民館
				77B	図書館
				77C	博物館、美術館
				77D	動物園、植物園、水族館
				77E	その他の社会教育
				772	職業・教育支援施設
				773	学習塾
				77F	音楽教授業
				77G	書道教授業
				77H	生花・茶道教授業
				77J	そろばん教授業
				77K	外国語会話教授業
				77L	スポーツ・健康教授業（フィットネスクラブを除く）
				77M	フィットネスクラブ
				77N	その他の教養・技能教授業

				779	他に分類されない教育、学習支援業
P	複合サービス事業	78	郵便局（別掲を除く）	781	郵便局
				782	郵便局受託業
		79	協同組合（他に分類されないもの）	791	農林水産業協同組合（他に分類されないもの）
				792	事業協同組合（他に分類されないもの）
Q	サービス業（他に分類されないもの）	80	専門サービス業（他に分類されないもの）	80A	法律事務所
				80B	特許事務所
				802	公証人役場、司法書士事務所
				80C	公認会計士事務所
				80D	税理士事務所
				804	獣医業
				80E	建築設計業
				80F	測量業
				80G	その他の土木建築サービス業
				80H	デザイン業
				80J	機械設計業
				807	著述・芸術家業
				808	写真業
				80K	興信所
				80L	他に分類されない専門サービス業
		81	学術・開発研究機関	811	自然科学研究所
				812	人文・社会科学研究所
		82	洗濯・理容・美容・浴場業	82A	普通洗濯業
				82B	リネンサプライ業
				822	理容業
				823	美容業
				824	公衆浴場業
				825	特殊浴場業
				829	その他の洗濯・理容・美容・浴場業
		83	その他の生活関連サービス業	831	旅行業
				832	家事サービス業
				833	衣服裁縫修理業
				834	物品預り業
				835	火葬・墓地管理業
				83A	葬儀業
				83B	結婚式場業
				83C	冠婚葬祭互助会
				83D	写真現像・焼付業
				83E	他に分類されないその他の生活関連サービス業
		84	娯楽業	841	映画館
				842	興行場（別掲を除く）、興行団
				843	競輪・競馬等の競走場、競技団
				84A	スポーツ施設提供業（別掲を除く）
				84B	体育館
				84C	ゴルフ場

Q サービス業 （他に分類 されないも の）		84D	ゴルフ練習場
		84E	ボウリング場
		84F	テニス場
		84G	バッティング・テニス練習場
		845	公園、遊園地
		84H	マージャンクラブ
		84J	パチンコホール
		84K	ゲームセンター
		84L	その他の遊戯場
		84M	カラオケボックス業
		84N	他に分類されない娯楽業
	85 廃棄物処理業	851	一般廃棄物処理業
		852	産業廃棄物処理業
		859	その他の廃棄物処理業
	86 自動車整備業	861	自動車整備業
	87 機械等修理業（別掲 を除く）	871	機械修理業（電気機械器具を除く）
		872	電気機械器具修理業
		873	表具業
		879	その他の修理業
	88 物品賃貸業	881	各種物品賃貸業
		882	産業用機械器具賃貸業
		883	事務用機械器具賃貸業
		884	自動車賃貸業
		885	スポーツ・娯楽用品賃貸業
		88A	音楽・映像記録物賃貸業（別掲を除く）
		88B	他に分類されない物品賃貸業
	89 広告業	891	広告代理業
		899	その他の広告業
	90 その他の事業サービ ス業	901	速記・ワープロ入力・複写業
		902	商品検査業
		903	計量証明業
		904	建物サービス業
		905	民営職業紹介業
		906	警備業
		90A	労働者派遣業
		90B	他に分類されないその他の事業サービス業
	91 政治・経済・文化団 体	911	経済団体
		912	労働団体
		913	学術・文化団体
		914	政治団体
		919	他に分類されない非営利的団体
	92 宗教	921	神道系宗教
		922	仏教系宗教
		923	キリスト教系宗教
		929	その他の宗教

		93	その他のサービス業	931	集会場
				932	と畜場
				939	他に分類されないサービス業
R	公務（他に分類されないもの）	95	国家公務	951	立法機関
				952	司法機関
				953	行政機関
		96	地方公務	961	都道府県機関
				962	市町村機関
S	分類不能の産業	99	分類不能の産業	999	分類不能の産業

〈資格試験一覧〉

・医療・看護・リハビリに関わる資格

医師／歯科医師／看護師／保健師／薬剤師／理学療法士／臨床検査技師／診療放射線技師　／作業療法士／言語聴覚士／はり師／きゅう師／臨床工学技士／歯科技工士／歯科衛生士／医薬情報担当者（MR）／あんまマッサージ指圧師／義肢装具士／細胞検査士／柔道整復師／音楽療法士／視能訓練士国家試験／診療情報管理士／ケアコミュニケーション検定

・保育・福祉・教育に関わる資格

保育士／幼稚園教諭／小学校教諭／中学校教諭／高等学校教諭／養護教諭／特別支援学校教諭／日本語教育能力検定試験／英語教員免許／音楽教員免許／社会教育主事／学芸員／司書／学校図書館司書教諭／法務教官採用試験／児童福祉司／児童指導員／社会福祉士／社会福祉主事／介護福祉士／精神保健福祉士／ホームヘルパー１級、２級／介護職員基礎研修／臨床心理士／ケアマネージャー（介護支援専門員）／手話通訳士／手話通訳者登録試験／語彙・読解力検定／ケアコミュニケーション検定

・旅行・ホテル・観光・レジャーに関わる資格

ホテル実務技能認定試験／ホテルビジネス実務検定試験／旅程管理主任者／旅行業務取扱管理者／通訳案内士試験／スポーツ指導者／アスレティックトレーナー／ABC協会認定ブライダルプランナー検定／認定ウエディングスペシャリスト／BIAアシスタント・ブライダル・コーディネーター検定／TOEFL（R）テスト／TOEIC（R）テスト／営業力強化検定

・音楽・アニメ・芸術に関わる資格

CGクリエイター検定／Illustrator（R）クリエイター能力認定試験／Photoshopクリエイター能力認定試験

・芸能・マスコミに関わる資格

コミュニケーション検定／テープライター／気象予報士／映像音響処理技術者資格認定／校正士／DTPエキスパート認証試験／DTP検定／校正技能検定／MIDI検定／CGエンジニア検定／CGクリエイター検定／JTA公認翻訳専門職／語彙・読解力検定／ビジネス著作権検定／Photoshopクリエイター能力認定試験

・栄養・調理・製菓に関わる資格

調理師／栄養士／管理栄養士／製菓衛生師／菓子製造技能士／ソムリエ呼称資格認定試験／パン製造技能士／フードコーディネーター資格認定試験／フードスペシャリスト資格認定試験／ケアコミュニケーション検定

・公務員・法律・政治に関わる資格

司法試験／不動産鑑定士／宅地建物取引主任者／土地家屋調査士／司法書士／測量士／社会保険労務士／行政書士／弁理士／家庭裁判所調査官補採用Ⅰ種試験／裁判所事務官採用試験／裁判所書記官採用試験／地方公務員各種採用試験／国家公務員各種採用試験／外務省専門職員採用試験／国税専門官採用試験／労働基準監督官採用試験

・美容・理容・エステ・アロマに関わる資格

美容師／管理美容師／AEA認定エステティシャン／日本エステティック協会認定エステティシャン／日本エステティック協会認定トータルエステティックアドバイザー／CIDESCOインターナショナル・エステティシャン／販売士／IBF国際メイクアップアーティスト認定試験／メイクアップ技術検定／きものコンサルタント／ネイリスト技能検定試験／和裁技能士／和裁検定／理容師／管理理容師

・ファッション・デザインに関わる資格

CGクリエイター検定／パターンメーキング技術検定試験／洋裁技術検定試験／インテリアコーディネーター／インテリアプランナー／インテリア設計士／

G・G・（グラジュエイトジェモロジスト）／貴金属装身具製作技能士／ジュエリーコーディネーター／造園技能士／造園施工管理技士／衣料管理士【テキスタイルアドバイザー】／商品装飾展示技能士／商業施設士／フラワーデザイナー／フラワー装飾技能士／POP広告クリエイター技能審査試験／レタリング技能検定／情報デザイン試験／カラーコーディネーター検定／色彩検定／色彩士検定／Photoshopクリエイター能力認定試験

・ゲーム・コンピュータに関わる資格

MIDI検定／情報処理技術者試験／ウェブデザイン実務士／MCT認定資格制度／CAD利用技術者試験／システム監査技術者／公認システム監査人／キータッチ2000テスト／CCNA【Cisco Certified Network Associate】／情報処理技術者能力認定試験／C言語プログラミング能力認定試験／Javaプログラミング能力認定試験／VisualBasicプログラミング能力認定試験／Webクリエイター能力認定試験／Flashクリエイター能力認定試験／Word文書処理技能認定試験／Excel表計算処理技能認定試験／Accessビジネスデータベース技能認定試験／PowerPointプレゼンテーション技能認定試験

・動物に関わる資格

JKC公認トリマーライセンス／愛玩動物飼養管理士／訓練士／ドッグトレーナー／ハンドラー／ドッグライフカウンセラー／家庭犬しつけインストラクター／獣医師／動物看護師（動物看護師統一認定機構認定）

・公務・保安に関わる資格

国家公務員各種採用試験／警察官採用試験／消防官採用試験／救急救命士／海上保安大学校・海上保安学校学生採用試験／自衛官採用試験／通関士／刑務官

・運輸・運送に関わる資格

定期運送用操縦士／事業用操縦士／航空整備士／航空運航整備士／航空工場整備士／航空管制官採用試験／運航管理者技能検定／海技士（航海）免許

・企業や組織の事務に係る資格

簿記検定／秘書技能検定／ビジネス文書技能検定試験／医療秘書技能検定／診療報酬請求事務能力認定試験／コンピュータサービス技能評価試験／速記技能検定／ビジネス・キャリア検定／Word文書処理技能認定試験／Excel表計算処理技能認定試験／Accessビジネスデータベース技能認定試験／PowerPointプレゼンテーション技能認定試験

・企業や組織の事務に係る資格（一般社団法人就業総合支援協会）

・コミュニケーション基本スキル認定／営業基本スキル認定／ホスピタリティコミュニケーション基本スキル認定／ビジネスマナー基本スキル認定／リーダーシップ基本スキル認定

・金融業に関わる資格

簿記検定／証券外務員／公認会計士／税理士／中小企業診断士／証券アナリスト教育・試験制度／ファイナンシャル・プランニング技能士／AFP／CFP／アクチュアリー資格試験／ビジネスコンプライアンス検定

・企画・調査・イベント企画に関わる資格

消費生活アドバイザー／イベント業務管理者／消費生活コンサルタント／消費生活専門相談員／ファッションビジネス能力検定試験／ファッション販売能力検定試験／ネットマーケティング検定

・営業・販売に関わる仕事

販売士／コミュニケーション検定／ビジネス実務士／日商ビジネス英語検定／営業力強化検定

・環境・バイオ・自然に関わる資格

国家公務員各種採用試験／普及指導員／食品衛生管理者／食品衛生監視員／気象予報士

・自動車・機械・電気に関わる資格

技術士／機械設計技術者／電気主任技術者／放射線取扱主任者／原子炉主任技術者／ファンダメンタルズ オブ エンジニアリング【FE】試験／プロフェッショナル エンジニア【PE】／自動車整備士／電気工事士

・建築・設計に関わる資格

測量士／インテリアプランナー／一級建築士／二級建築士／木造建築士／土木施工管理技士／測量士補

加賀　博（かが　ひろし）

株式会社ジーアップキャリアセンター　代表取締役
一般社団法人　千葉県ニュービジネス協議会　会長
一般社団法人　地域人材育成アカデミー　理事長

〈略　歴〉

慶応義塾大学法学部法律学科卒業
沖電気工業株式会社を経て、株式会社リクルートに入社
「とらばーゆ」事業の開発など多くの新規事業を手がけ、その後独立し現職。これまで800社を超える企業の人事・組織開発のコンサルティングに携わる。多数の大学院・大学にてキャリア教育学を専任し、年間10000人の学生を教える実績を持つ。ビジネスキャリア教育の第一人者。

そのほか教職に、千葉商科大学大学院中小企業診断士養成コース客員教授、千葉工業大学外来講師、新潟産業大学非常勤講師、学校法人東和学園東和IT専門学校学校長を務める。

元東京理科大学大学院、早稲田大学、創価大学、高野山大学、九州国際大学、東京工科大学、国士舘大学、東京都市大学非常勤講師など多数。

関係研究出版は100冊以上におよぶ。

〈主な著作物〉

・キャリアエンプロイアビリティ形成法（日経BP社）
・人材採用実務体系マニュアル（日本総研ビジコン）
・寺院基本経営学（カナリアコミュニケーションズ）
・メンタルヘルスセルフケアハンドブック
・人材組織教育総合手法
・キャリア権時代のキャリアデザイン
・将来キャリアを左右するキャリア権時代のファーストキャリアデザイン
・パラダイムチェンジの時代に適応するための2つの改革
　　〜経営人材改革×経営基本改革〜
・パラダイムチェンジ時代に挑戦　釈迦と空海に学ぶ「経営思考行動原理」
　（以上、公益財団法人日本生産性本部　生産性労働情報センター）　ほか

日本総合基礎知識
～日本の産業、地理、文化～

2024年7月7日　初版第1刷

ISBN978-4-88372-613-4 C3034
本体価格1,650円（本体1,500円＋税10％）

著　者　加賀　博

発　行　公益財団法人 日本生産性本部
　　　　生産性労働情報センター

〒102-8643 東京都千代田区平河町2-13-12
Tel：03（3511）4007
Fax：03（3511）4073
https://www.jpc-net.jp/lic

デザイン・印刷・製本：第一資料印刷㈱